Edith Piaf

Mein Leben

rororo

Rowohlt

Die Originalausgabe erschien bei Union Générale d'Éditions, Paris, unter dem Titel «Ma vie» · Aus dem Französischen übertragen von HELLA SCHRÖTER *und* ERIKA WOLBER · *Umschlagentwurf Werner Rebhuhn unter Verwendung zweier Fotos: Umschlagvorderseite H. Grooteclaes, Umschlagrückseite: Foto Will © stern, Hamburg, 1963*

DEUTSCHE ERSTAUSGABE

1.–30. Tausend	Juli 1966
31.–45. Tausend	September 1966
46.–53. Tausend	Januar 1968
54.–58. Tausend	April 1970
59.–63. Tausend	Mai 1971
64.–68. Tausend	Juni 1972
69.–73. Tausend	September 1973
74.–78. Tausend	Juli 1974
79.–83. Tausend	September 1975

Ungekürzte Ausgabe
Veröffentlicht im Rowohlt Taschenbuch Verlag GmbH, Reinbek bei Hamburg, Juli 1966

Gesetzt aus der Linotype-Cornelia und der Baskerville (Bauersche Gießerei)
Gesamtherstellung Clausen & Bosse, Leck/Schleswig
Printed in Germany
380-ISBN 3 499 10859 3

Sie hat gelebt, geliebt, gesungen,
bis der Tod kam

Ich bereue nichts

Wenn ich tot bin, wird man schon so viel über mich geredet haben, daß schließlich niemand mehr weiß, wer ich wirklich war. Sie werden mir sagen, das sei nicht so wichtig. Gewiß, aber der Gedanke daran tut mir weh.

Darum will ich von mir erzählen, solange es noch Zeit ist – auch wenn ich dadurch viel Staub aufwirbeln sollte.

Auch auf die Gefahr hin, daß man mich bemitleidet.

Ich liege im Krankenhaus und diktiere diese Erinnerungen, welche scharenweise aufsteigen, mich bestürmen, umzingeln, überfluten. Die Vergangenheit ordnet sich nicht hübsch der Reihe nach um mich her: Gesichter und Gestalten drängen sich und rufen: «Mich, mich nimm zuerst!»

Da kommen glückliche Stunden, aber auch all die anderen, und ihrer sind viel mehr.

Doch was auch immer noch geschehen mag bis zu dem Tage, an dem ich Rechenschaft ablegen muß – ich weiß genau, daß ich mich da oben wie in meinem Chanson unermüdlich wiederholen werde: «Nein, ich bereue nichts!»

Für diesmal habe *ich* den Kampf gegen Krankheit und Tod gewonnen, aber das wird nicht immer so sein. Deshalb drängt es mich heute, die Bilanz meines Lebens zu ziehen. Wohl sollte ich zuerst meine Kindheit beschwören, meine Jugend, aber sie scheinen mir so fern, so unwirklich manchmal. Ich habe das Gefühl, daß selbst ich unwillkürlich lügen müßte, wenn ich davon erzählte.

Was mich bedrückt, das sind die intimeren Geheimnisse, welche man entstellt der Öffentlichkeit preisgegeben hat.

Aber durch dieses Bekenntnis möchte ich mich gern ein für allemal davon befreien, natürlich in der Hoffnung, daß mir vergeben wird.

Ich möchte gern die Frau ergründen, die ich gewesen bin, alle Frauen, die ich schon war, soweit man sich eben selbst zu erkennen vermag: die Göre Piaf, Piaf, Edith...

Es ist wahr, daß ich ein schreckliches Leben geführt habe; aber es war zugleich herrlich, weil ich es geliebt habe – ja, das Leben vor allem.

Und dann, weil ich die Menschen geliebt habe, die Männer, meine Liebhaber, meine Freunde, aber auch all die unbekannten Männer und Frauen meines Publikums, für das ich selbst an der äußersten Grenze meiner Kraft noch gesungen habe und für das ich auf der Bühne sterben möchte, am Schluß meines letzten Chansons.

Und ich liebe alle, die bei Tag und bei Nacht im Vorübergehen meine kleine Gestalt und meinen Gang wiedererkennen.

Und die Menschenmenge, die mir hoffentlich am letzten Tage folgen wird, denn ich mag nicht allein sein. Ich fürchte mich vor der Einsamkeit, vor dieser schrecklichen Einsamkeit, die einem im Morgengrauen das Herz zusammenschnürt oder in der Abenddämmerung, wenn man sich fragt, ob es sich noch zu leben lohnt, und warum man lebt.

Ich wollte, daß jemand, der meine Beichte gelesen hat – denn es ist wirklich eine, und alles, was ich von nun an sage, gehört vielleicht zu meiner letzten –, ich wollte, daß jemand, der mir zugehört hat, wie zu Maria Magdalena sagen könnte:

«Ihr sind viele Sünden vergeben, denn sie hat viel geliebt.»

Mein Mann - meine Männer

Stets ist die Liebe vor mir geflohen. Nie konnte ich den, den ich liebte, lang in den Armen halten. Jedesmal, wenn ich glaubte, den Mann meines Lebens gefunden zu haben, wurde alles zunichte, und ich war wieder allein.

Vielleicht deshalb, weil ich nie das war, was man eine schöne Frau nennt. Ich wußte es und litt darunter und verlangte einen Ausgleich dafür.

Aber vielleicht auch deshalb, weil ich nicht besonders treu bin oder mich so rasch enttäuschen lasse.

Manchmal genügt schon eine Kleinigkeit, eine harmlose Lüge, ein Wort zu viel, daß meine Liebe plötzlich erlischt und ich mich einem anderen in die Arme werfe, von dem ich mir das Wunder erhoffe.

Immer habe ich fieberhaft die große, wahre Liebe gesucht, und vielleicht hatte ich in meinem Leben deshalb so viele Männer, weil ich mich nie mit der Lüge und Mittelmäßigkeit der meisten meiner Abenteuer abfinden wollte.

Der erste war P'tit Louis. Ich war kaum sechzehn, als ich ihm begegnete, und er siebzehn.

Romeo und Julia?

Leider war es eher eine komische Lebens- und Liebeslehre, die ich da durchmachte – romantisch stimmte sie mich jedenfalls kaum.

Ich hatte keine Mutter; niemand lehrte mich, daß die Liebe zärtlich, treu und süß sein konnte, ach so süß!

Meine Kindheit verbrachte ich in Lisieux, und zwar bei den «armen Mädchen» in dem Hause, das meine Großmutter dort «unterhielt».

Und als mein Vagabundenvater mich holen kam – was fand ich da von Ort zu Ort? Alle drei Monate eine neue Mutter: seine Geliebten, die mehr oder weniger nett zu mir waren, je nachdem, ob mir meine Chansons – ja, damals sang ich schon und sammelte nachher Geld ein – ein paar Sous eintrugen oder bloß Spötteleien.

Eine solche Erziehung hat aus mir kein empfindsames Wesen gemacht. Ich glaubte, daß ein Mädchen niemals nein sagen dürfe, wenn es ein Junge zu sich rief. Ich dachte, das gehöre zu unserer Rolle als Frau. So zierte ich mich auch nicht lange, als P'tit Louis mir winkte. Das erste Mal traf ich ihn an der porte des Lilas, als ich mit meinem Vater auf der Straße sang.

P'tit Louis stand in der Menge, die uns umringte, während ich sang, aber rasch auseinanderstob, wenn ich zu sammeln begann.

Doch er, ein großer, blonder Junge, blieb lächelnd stehen. Als ich mit meinem Tellerchen auf ihn zukam, sah er mir fest in die Augen, stieß einen bewundernden Pfiff aus und legte dann mit königlicher Geste ein durchlöchertes Fünf-Sous-Stück in meinen Napf.

Tagelang folgte er mir auf meinen Streifzügen durch die Vororte, und eines Nachmittags, als mich mein Vater nicht begleitete, näherte er sich mir, faßte mich am Arm und sagte: «Komm mit mir! Wir wollen zusammen leben.»

Das klingt wie ein allzu primitiver Unterhaltungsroman, ich weiß. Aber mein ganzes Leben gleicht einem beinahe unglaublichen Roman, und dabei hat sich alles ebenso einfach zugetragen, wie ich es jetzt erzähle. P'tit Louis sagte nur: «Komm!» und ich folgte ihm.

Ohne eine Spur von Reue verließ ich meinen Vater und damit das bißchen Sicherheit und Schutz, das er mir bot.

Ich ging also mit P'tit Louis. Ich fand ihn schön und stark, überhaupt unvergleichlich: Ich liebte ihn.

Er war Botenjunge, und ich ging weiter singen. Wir zogen in ein kleines, schäbiges Gasthaus in der rue de Belleville.

Anfangs kochte ich in Konservenbüchsen, aber P'tit Louis brachte jeden Tag voll Stolz Besteck, Teller oder Töpfe mit nach Hause: Er hatte sie aus den Schaufenstern oder in den Cafés zusammengestohlen.

Für unser schmutziges Zimmer zahlten wir 35 Francs pro Woche. Sonntags gingen wir ins Kino, ins ‹Alcazar›, und P'tit Louis spendierte mir einen Platz für zwei Francs.

Das Leben war wundervoll, vielleicht einfach nur deshalb, weil wir beide sehr sehr jung waren.

Bald wurde ich schwanger, und dann kam unser Töchterchen Marcelle zur Welt. Wir freuten uns wie Kinder.

Aber ich spürte verworren, daß mir irgend etwas fehlte, und zwar das, was ich zeit meines Lebens unermüdlich gesucht habe: die beschützende Gewalt eines Mannes, eines richtigen Mannes.

Ich weiß wohl, daß ich keine Heilige bin. Meine zehn Finger reichen nicht aus, um meine Liebhaber daran aufzuzählen, und es wäre leicht, den Stein auf mich zu werfen.

Aber ich habe eben ohne Unterlaß den Mann gesucht, auf den ich mich ein ganzes Leben lang vertrauensvoll stützen könnte.

Doch entweder suchte ich vergebens, oder das Schicksal mischte sich ein.

P'tit Louis war ein Kind wie ich, und eines Tages betrog ich ihn mit einem gediegeneren, mit einem richtigen Mann, mit «meinem Legionär».

Ach, wie habe ich meinen Legionär geliebt! Später erzählte ich Raymond Asso seine Geschichte, und er schrieb ein Chanson darüber, das bald berühmt werden sollte. Lange Zeit konnte ich es nicht singen, ohne daß mich dabei ein Schauer überlief. Aber vielleicht sang ich es gerade deshalb so gut.

Ich verlor meinen Legionär wieder, wahrscheinlich, weil ich nicht zum Glück bestimmt war.

Eines Morgens hatte ich P'tit Louis mit meinem Kind im Arm kurzerhand verlassen, um mit diesem Mann zusammen zu leben.

Aber P'tit Louis war in den Straßen von Belleville hinter mir her und erwischte mich auch eines Tages. Er riß mir das Kind aus dem Arm und schrie: «Wenn du deine Tochter wiederhaben willst, komm gefälligst nach Hause!»

Ich ahnte, daß ich mein Kind nie mehr wiedersehen würde, wenn ich mit dem Legionär fortginge. Noch eine letzte Nacht verbrachte ich mit meinem Schatz und kehrte dann zu P'tit Louis zurück – meiner Tochter zuliebe.

Aber mein Legionär liebte mich wirklich: Er ließ sich nach Afrika versetzen und kam dort ums Leben.

Wenn mein Opfer wenigstens etwas genützt hätte! Leider starb meine arme Kleine wenig später an Hirnhautentzündung. P'tit Louis kannte mich genau und sagte: «Nur das Kind hat dich noch bei mir zurückgehalten. Jetzt hab ich dich für immer verloren. Leb wohl! Du warst für mich eine Traumprinzessin, aber der Traum ist aus. Mach's gut!»

Und er verschwand aus meinem Leben.

Ich war achtzehn Jahre alt und kannte nur den Bodensatz der Gesellschaft, hatte nichts als Häßlichkeit und Elend gesehen. Nur P'tit Louis war anders, aber ich war ja wieder allein. Das letzte Stück der schiefen Bahn stürzte ich rasch hinab, und dann vermochte ich mich nicht mehr nach oben durchzuschlagen: Das kleine tote Mädchen hatte mir alle Lust dazu genommen.

So landete ich am Pigalle mitten unter Bars, Zuhältern und Dirnen. Der erste Mann, in den ich mich verliebte, war ein Zuhälter, und prompt wollte er auch mich zwingen, auf den Strich zu gehen.

Er hieß Albert, hatte schwarze Augen, trug Hosen nach dem letzten Schrei und konnte so schön lächeln. Außer mir «besaß» er noch ein Mädchen. Sie hieß Rosita und «arbeitete» für ihn in der rue Blanche.

Albert hatte mich so fest in der Hand, daß ich alles mögliche für ihn getan hätte, nur das nicht, was er von mir verlangte.

Vielleicht deshalb, weil ich bei all meiner Leichtlebigkeit doch zu sehr in die Liebe verliebt war, um sie zu einem Gewerbe herabzuwürdigen.

Da ich mich weiterhin hartnäckig weigerte, geriet er in Wut, und zwischen uns kam es zu schrecklichen Raufereien.

Eines Abends ohrfeigte er mich in höchstem Zorn. Ich dagegen biß und kratzte ihn und traktierte ihn mit Fußtritten. Nachdem wir eine Stunde gerauft hatten, sagte er ganz außer Atem: «Gut, meinetwegen kannst du weiter auf der Straße singen, aber du mußt mir jeden Tag 33 Francs geben, wie Rosita.»

Mir lag viel an dem Mann, und dieser Handel schien mir ganz normal zu sein. In gewissem Sinne hatte ich nun gewonnenes Spiel. Für mich war das eine Art Glück. Jahrelang lebte ich so am Pigalle mit «meinem Mann» zusammen. Ich war nur ein armes Mädchen und dachte nicht im Traum daran, daß meine Stimme mich eines Tages berühmt machen würde, zu einem Star im Brennpunkt der Öffentlichkeit.

Ich sang, weil ich keine andere Möglichkeit sah, mein Brot zu verdienen und meinem Zuhälter zu «apportieren».

Aber ich sang auch, weil ich dabei wirklich glücklich war, vollkommen glücklich. Von da an begriff ich, was es heißt, eine Berufung zu haben.

Aber diese Berufung fand mein Albert nicht ausreichend; er verlangte noch andere Talente von mir. Vielleicht aus Gewinnsucht, aber mehr noch, um mich fest «halten» zu können. In der Unterwelt gibt es nämlich ein Gesetz, nach dem man Männer und Frauen mit in das Spiel verwickeln muß, damit sie sich aus den Fängen der Gauner nicht mehr zu befreien wagen.

Wie die anderen wurde auch ich zur Arbeit eingeteilt.

«Was», sagte er, «du willst nicht auf den Strich gehen? Na schön, wenn deine Tugend sozusagen heil bleiben soll, mußt du eine andere Rolle übernehmen.»

Künftig war es meine Aufgabe, reiche Frauen aufzuspüren. Während ich sang, mußte ich mir alle Tanzbars rundum einprägen, in denen gut gekleidete, mit Ketten und Ringen beladene Frauen verkehrten.

Abends erstattete ich Albert Bericht, und er schrieb sich meine Erkundungen in ein kleines Notizbuch. Samstag abends und

Sonntag ging er dann in seinem schönsten Anzug auf die Bälle, die ich ihm genannt hatte. Da er sehr hübsch und vertrauenerweckend aussah, gelang es ihm regelmäßig, eine der Tänzerinnen zu verführen.

Im Morgengrauen erbot er sich, seine Zufallsgefährtin heimzubegleiten, «denn», erklärte er ihr, «das Viertel ist wenig belebt». Und er führte sie alle stets in die rue Lemercier, eine finstere, verlassene Sackgasse.

Dort drückte er ihnen brutal seine Linke auf den Mund, damit sie nicht schreien konnten; mit der Rechten schlug er in aller Eile auf sie ein und entriß ihnen dann Halsketten, Ringe und Geld.

Ich erwartete ihn im Café ‹La nouvelle Athènes›. Häufig, wenn die Sache geklappt hatte, sah ich ihn mit breitem, siegreichem Grinsen und aufgeblähten Taschen eintreten. Dann spendierte er mir die ganze Nacht Champagner.

Aber eines Tages graute mir vor ihm. Er wollte nämlich mit André, einem seiner Zuhälterfreunde, ein wundervolles, blondes Mädchen zur Prostitution zwingen.

Nadia war schön, sanft, unschuldig und in André bis über beide Ohren verliebt. Ich riet ihr: «Verschwinde, solang es noch Zeit ist. Geh auf der Stelle, oder du bist verloren!» Aber sie hatte nicht den Mut, ihren Geliebten zu verlassen.

Eines Abends erklärte ihr André: «Mit dir habe ich jetzt genug Zeit vertrödelt! Wenn du heute nacht nicht arbeitest, kriegst du Prügel von uns beiden, von Albert und mir, und nachher wirst du so zugerichtet sein, daß dich kein Mann mehr anschauen kann, ohne daß ihn der Ekel schüttelt.»

Nadia kam weinend zu mir. «Ich will es versuchen, Edith», schluchzte sie, «ehe ich seine Liebe verliere, sterbe ich lieber!»

Ich folgte ihr von ferne und sah, wie sie auf den Straßen des Pigalle-Viertels mit den Vorübergehenden anzubändeln versuchte. Aber plötzlich begann sie zu laufen, und obwohl ich ihr schreiend nachrannte, verlor ich sie in der Menge. Ich sah die hübsche Nadia nie wieder ...

Fünf Tage später wurde ihre Leiche von der Wasserschutzpolizei herausgefischt: Sie hatte sich in die Seine gestürzt.

Dieser Tod war für mich der heilsame Schock. Mir war, als hätte mich ein Faustschlag aus einem Albtraum geweckt: Ich begriff, in welchen Sumpf ich da geraten war. An diesem Tag faßte ich aus tiefster Not und Schande heraus den Entschluß, der Gaunerwelt zu entfliehen und mich ganz allein aus diesem Abgrund emporzuarbeiten, in den ich schon so tief gesunken war.

Ich wollte wieder eine Frau werden wie alle andern, aber ich wußte nicht, wieviel Mut dazu gehörte; denn die Unterwelt läßt einen nicht so ohne weiteres los.

An dem Abend, da ich von Nadias Tod erfuhr, wartete ich auf Albert wie gewöhnlich in der Kneipe.

Als er auf mich zukam, spuckte ich ihm ins Gesicht und sagte: «Mich siehst du nicht wieder!» Und während er sich das Gesicht abwischte, machte ich mich aus dem Staub.

Ein paar Tage lang geschah nichts, und flüchtig glaubte ich schon an das Wunder, Albert habe sich entschlossen, mich laufenzulassen. Aber in mir lebte eine dumpfe Angst, denn ich wußte genau, daß das nicht so bleiben würde, daß die Dinge sich noch wendeten.

Eines Abends umringten mich zwei Männer auf der Straße und befahlen mir: «Komm mit und mach keine Faxen!» Ich begriff sofort, was los war.

Sie brachten mich in ein Zimmer und ließen mich allein, nachdem sie den Schlüssel zweimal herumgedreht hatten. Halbtot vor Angst wartete ich die ganze Nacht. Gegen Morgen hörte ich Alberts Schritt auf der Treppe. Er schloß auf und näherte sich mir. Da schrie ich ihn verzweifelt an, während ich zurückwich: «Bring mich doch um, du Feigling! Mit dir gehe ich nicht mehr zurück!» In diesem Augenblick geschah etwas Unglaubliches: Albert, «der Harte», warf sich schluchzend aufs Bett, gewiß das erste Mal in seinem Leben. Und ich nützte schleunigst die Gelegenheit, um zu verschwinden.

Aber meine Abenteuer mit ihm waren noch nicht zu Ende. An einem anderen Abend saß ich mit Freunden gerade in einer Bar am Pigalle, als mich jemand benachrichtigte: «Albert wartet auf dich in der ‹Nouvelle Athènes›, er will mit dir sprechen. Wenn du nicht hingehst, kommt er mit seiner Bande hierher, und dann gibt es eine regelrechte Schlacht.»

Meine Freunde wollten mich nicht gehen lassen, sondern rüsteten sich schon zu meiner Verteidigung.

Einige hatten bereits Messer in den Händen, andere bewaffneten sich mit Flaschen an Stelle von Knüppeln.

Um ein Handgemenge zu vermeiden, stand ich auf und antwortete: «Ich komme!» Albert war allein. Auf die Ellbogen gestützt, lümmelte er an der Theke und erwartete mich. Seine Leute standen draußen, die Hände in den Taschen vergraben, bereit zum Eingreifen.

Erst musterte er mich und sagte dann trocken: «Komm mit mir nach Hause!» Als ich mich weigerte, zog er seinen Revolver heraus, richtete ihn auf mich und antwortete gelassen: «Wenn du dich noch einmal weigerst, knalle ich dich nieder!» Darauf schrie ich ihn an: «So schieß doch, wenn du ein Mann bist!» Ich sah noch, wie sein Blick sich verhärtete, dann hörte ich einen Knall und spürte ein Brennen am Hals.

Wie durch ein Wunder war ich noch am Leben: In dem Augenblick, als Albert abdrücken wollte, hatte ihm ein Mann in unserer Nähe den Arm hochgeschlagen, und der Schuß war danebengegangen. Das alles war zuviel für mich. Halb wahnsinnig vor Schreck stürzte ich hinaus.

Dieses Erlebnis hätte mir die Männer verleiden können oder mich wenigstens zu einer gewissen Vorsicht mahnen müssen.

Statt dessen ...

Nicht daß ich den Teufel im Leib hatte – es war nur das bohrende, beinahe krankhafte Bedürfnis, geliebt zu werden, um so mehr geliebt zu werden, je häßlicher und verächtlicher ich mich fand, je weniger für die Liebe geschaffen.

Danach hatte ich drei Männer zugleich: Pierre, einen Matrosen, Léon, einen Spahi, und René, einen ehemaligen Bergmann. Pierre hatte ich in der Bar des Hotels ‹Au Clair de Lune› kennengelernt, wo ich wohnte, Léon auf der Straße und René in einem Cabaret.

Ich vollbrachte wahre Wunder, um mich mit allen dreien zu treffen, und belog sie unverfroren, aber Pierrot liebte ich wirklich.

Er war so zärtlich und geduldig; ohne große Widerrede ertrug er meine Launen. Damals sang ich schon bei Leplée im ‹Gerny's›.

Ich arbeitete, und er tat nichts. Ich verdiente ein bißchen Geld, und er hatte nicht einen Sou.

Eines Tages wollte ich ihm etwas schenken – daran erinnere ich mich noch genau – und schlug ihm ein Paar neue Schuhe vor.

Wir gingen in den Schuhladen, und Pierre probierte alle möglichen Modelle. Schließlich entschied er sich für ein hübsches Paar schwarzer, spitzer Paradeschuhe. Aber er hatte Schuhgröße vierzig, und damals fand ich kleine Füße schicker.

Deshalb erklärte ich ihm: «Ich zahle dir entweder Größe neununddreißig oder gar nichts.» Nachher verließ er stöhnend den Laden in seinen viel zu kleinen Schuhen. Sie drückten ihn dermaßen, daß er wirklich nicht darin gehen konnte. Schließlich gab ich nach und meinte: «Ich schenke dir noch gefütterte Pantoffeln dazu. Wenn du allein unterwegs bist, kannst du sie ja anziehen, aber wenn du mit mir ausgehst, mußt du die Schuhe tragen.» Und Pierrot war damit einverstanden.

Mit dem Trio mußte es natürlich schiefgehen.

Einmal kamen Pierre, Léon und René miteinander ins Gespräch und entdeckten, daß sie alle drei dieselbe Frau hatten.

Daraufhin verschwand Léon, Pierrot blieb, aber René wollte sich rächen. Jahre hindurch verfolgte er mich, und es ist noch nicht allzu lange her, daß ich keine Angst mehr vor ihm habe.

Er begann mit seiner Rache an dem Abend, als ich zum erstenmal in meinem Leben auf Tournee gehen durfte. Diese letzte Nacht in Paris wollte ich mit Pierrot verbringen.

Aber René wollte mich nicht loslassen. Überall spionierte er mir nach, dieser große, starke Mann aus Lille mit dem entschlossenen Gesicht, ein Mann, der töten konnte.

Am Eingang eines Warenhauses gelang es mir, ihn abzuschütteln. «Warte hier auf mich», sagte ich zu ihm, «ich bin gleich wieder da.»

Aber ich entwischte durch einen Seitenausgang und traf mich mit Pierrot in seinem Parterrezimmer in der rue des Abbesses.

Und nun hatten wir die ganze Nacht vor uns, um glücklich zu sein. Eine schreckliche Nacht! Im Zimmer war es dunkel, aber als das erste Auto vorbeifuhr, warfen seine Scheinwerfer einen Schatten an die Decke, einen Schatten, den ich wiedererkannte. Halb von Sinnen vor Angst stürzte ich ans Fenster und erblickte René.

Er ging vor Pierrots Fenster auf und ab, und seine rechte Hand steckte in der Tasche, dort, wo er immer sein Springmesser aufbewahrte. Die ganze Nacht hindurch tanzte die Silhouette über die Zimmerdecke.

Die ganze Nacht klammerte ich mich an Pierrots Arm, denn er wollte hinausgehen und René stellen. Ich bat ihn: «Geh nicht, Pierrot, er tötet dich sonst!» Denn ich wußte nur zu gut, daß er gegen den starken René nicht aufkommen konnte.

Um sieben Uhr früh verließ René seinen Posten, und um 7 Uhr 45 stieg ich in den Zug, der mich nach Troyes auf Tournee bringen sollte.

Aber René hetzte mich noch jahrelang. Schweigend und unbeweglich saß er in den Cabarets, wenn ich sang, stand er auf den Bahnsteigen, wenn ich ankam – unfähig, zu verzeihen und zu vergessen.

Als ich 1938 in der ‹Alhambra› debütieren sollte, rief er mich vierzehn Tage vor der Premiere an. Ich hörte seine scharfe Stimme im Telefon: «Dein Debüt wirst du nicht erleben!»

Das waren vierzehn Tage der Angst. Aber als ich am Premierenabend die *music-hall* in panischer Angst verließ und im Dunkeln Renés Gestalt zu erspähen suchte, da geschah nichts.

Ich weiß noch, daß ich im ‹Mimi Pinson› mit Freunden mein Debüt feierte. Plötzlich flüsterte hinter mir eine unbekannte Stimme: «Du hast Glück! René sitzt wegen Körperverletzung im Kittchen; er hat in einem Café eine Schlägerei angefangen.»

Drei Jahre blieb er hinter Schloß und Riegel, aber als er wieder frei war, steckte ihm die Rachsucht immer noch in den Knochen – und das zwanzig Jahre lang!

Inzwischen war er nach Lille zurückgekehrt. Jedesmal, wenn ich dort sang, traf ich ihn entweder am Ausgang des Cabarets oder in dem Restaurant, wo ich soupierte.

Ich spürte seinen Blick im Nacken; nie rührte er sich vom Fleck. Wenn ich beim Hinausgehen an seinem Tisch vorbeikam, bewegten sich seine Lippen kaum, doch er flüsterte: «Mit dir habe ich immer noch abzurechnen!»

1956 sah ich ihn zum letztenmal. An jenem Abend kam er langsam und gelassen auf mich zu, und wieder steckte seine Hand in der Tasche.

Natürlich hatte ich Angst, aber er zog sie nur heraus, um mir die blonde Locke und das einzige Foto meiner Tochter Marcelle hinzuhalten. Beides hatte er mir im Jahre 1936 gestohlen, um damit meine Rückkehr zu erpressen.

An jenem Abend sagte er nur: «Nimm das wieder zu dir! Jetzt habe ich endlich begriffen, daß ich dich für immer verloren habe.»

Unterdessen hatte ich wieder gelernt, eine freie Frau zu werden – eine, die lieben darf, wen sie will.

Ich kann nicht treu sein

Der erste Mann, der mir die Hand bot, um mir zu helfen, ohne mich auszunützen oder von heute auf morgen seine Geliebte aus mir zu machen, das war der Textdichter Raymond Asso.

Als er in mein Leben trat, war ich übel dran.

Man beschuldigte mich, einen Mann ermordet zu haben.

Louis Leplée, der Besitzer des ‹Gerny's›, eines berühmten Cabarets in der rue Pierre-Charron, war tot aufgefunden worden, und sofort wurde ich von allen Seiten verdächtigt.

Warum? Meiner Vergangenheit wegen wahrscheinlich, denn ich war der Polizei leider keine Unbekannte. Mit zwanzig hatte ich schon zwei oder drei Jahre Pigalle hinter mir und war mit Zuhältern, Dieben und Strolchen gesehen worden.

Der Polizeistreifenwagen hatte mich oft mitgenommen, und am quai des Orfèvres erinnerte man sich noch an Alberts Pistolenschuß.

Trotzdem war ich inzwischen mit einem Schlag berühmt geworden. Das verdankte ich nur meiner Stimme.

Meiner Stimme und diesem Mann, Louis Leplée, der mich entdeckt hatte, als ich auf der Straße sang.

Er engagierte mich für sein Cabaret, in dem sich ganz Paris ein Stelldichein gab. Und diese Lebemänner, diese Gecken verstummten plötzlich, als ich zu singen begann. Über Nacht war der Erfolg da.

Seitdem Maurice Chevalier mitten in der Menge, die sich jeden Abend in diesem modischen Cabaret drängte, spontan aufgesprungen war und gerufen hatte: «Bravo! Die Göre hat 'nen tollen Stimmumfang! Der kommt's aus den Eingeweiden!» war meine Karriere gesichert.

Endlich hatte das Elend ein Ende, und ein neues Leben begann: Ich durfte singen, bis mir der Atem ausging, durfte mich ganz dieser Leidenschaft hingeben.

Und plötzlich war Louis Leplée in einem türkischen Bad unter rätselhaften Umständen ermordet worden.

Die Polizei ersparte mir nichts, das kann ich getrost sagen.

Sie fiel erbittert über mich her, sperrte mich ein, beschuldigte mich und verhörte mich stundenlang.

Als sie mich aus Mangel an Beweisen endlich wieder freiließ, war ich ruiniert. Meine Karriere war dahin.

Alle Türen schlossen sich vor mir; die Gesichter erstarrten, wenn ich vorbeiging. Ich bekam anonyme Telefonanrufe voller Drohungen: Es waren die «schweren Jungen» der Gaunerwelt, die damals Hoffnung schöpften und versuchten, mich wieder unter ihre Fuchtel zu bringen.

Da erinnerte ich mich an Raymond Asso, diesen großen, hageren Burschen, der mir einmal gestanden hatte: «Ich liebe dich.»

Damals platzte ich schier vor Lachen, denn er war viel zu sanft, viel zu höflich. Ich war «harte Männer» gewöhnt und begriff seine Liedtexte nicht.

Doch er hatte hinzugefügt: «Schreib dir meine Telefonnummer auf, Edith! Eines Tages wirst du mich brauchen. Dann ruf mich an; ich werde für dich da sein.»

Und er war gegangen, während ich mich vor Lachen schier ausschütten wollte: «Was glaubt denn der Kerl? Ihn brauchen! Das fehlte mir gerade noch!»

Jetzt lachte ich nicht mehr, denn ich war in einer verzweifelten Lage. Ich hatte die bodenlose Feigheit der Menschen ergründet. So wählte ich Raymonds Nummer, ohne recht an seine Worte von damals zu glauben. Er würde mich wie die anderen im Stich lassen. Als ich ihn dann an der Strippe hatte, gestand ich ihm: «Du hattest recht, Raymond, ich brauche dich. Mit mir ist es aus, ich habe Angst, ich werde noch eine Dummheit machen.»

Einen Augenblick blieb es still, und dann hörte ich, wie Raymonds Stimme ganz ruhig bestimmte: «Nimm ein Taxi! Ich warte auf dich; es wird schon wieder gehen!»

Es war wirklich so einfach, wie ich es erzähle. Ich stieg in ein Taxi und landete bei Raymond, ohne Koffer, ohne alles. Und er änderte mein Leben.

Vorher hatte ich nie ein Buch geöffnet. Ich dachte, das sei so 'n Zeug für vornehme Leute. Ich las gerade noch Romane dieser Sorte: «Verführt mit zwanzig.»

Um mal wieder richtig zu lachen!

Ich wälzte mich in meiner Dummheit wie ein kleines schmutziges Tier im Schlamm, und ebenso gefiel ich mir in der Häßlichkeit. Je blöder meine Chansons waren, desto häßlicher kam ich mir vor und desto zufriedener war ich. Ich empfand eine Art übler Freude am Zerstören, am Zerstören meiner selbst und am Besudeln alles Schönen.

Das war meine persönliche Art der Verzweiflung.

Raymond verwandelte mich.

Er lehrte mich, wie man ein Mensch wird. Drei Jahre brauchte er, um mich zu heilen, drei Jahre geduldiger, zärtlicher Liebe, um mir beizubringen, daß es eine andere Welt gibt als die der Huren und Schweinehunde.

Drei Jahre, um mich vom Pigalle zu entgiften, von meiner zerrütteten, verdorbenen, unglücklichen Kindheit.

Drei Jahre, um mich den Glauben an die Liebe zu lehren, an das Glück und an meinen Erfolg. Und drei Jahre brauchte *ich*, um eine Frau und ein Star zu werden statt eines bloßen Phänomens, dessen Stimme man sich anhört wie man ein seltenes, auf einem Jahrmarktstand zur Schau gestelltes Tier bestaunt.

Und doch betrog ich diesen wunderbaren Mann, noch dazu zu einer Zeit, als es für ihn am schmerzlichsten sein mußte.

Es ist nicht gerade leicht, eine schlechte Tat zu bekennen, aber noch peinlicher ist es, sich an die Leiden zu erinnern, die man – vom Dämon getrieben, der in jedem von uns schläft – den anderen zugefügt hat. Mein Dämon ist nur allzuoft erwacht.

Als ich Raymond im Jahre 1939 verließ, wußte ich, daß ich

dazu berufen war, von der Liebe zu singen. Bei meinem ersten Chansonabend in der ‹Alhambra› feierte ich Triumphe.

Ich sang die Chansons, welche Raymond für mich geschrieben hatte: *‹Mon légionnaire›*, *‹Le fanion de la légion›*, *‹Le voyage du pauvre nègre›*, *‹Je n'en connais pas la fin›* und andere.

Ihm verdanke ich es, daß ich wirklich ein Star wurde, statt immer nur ein Naturereignis zu bleiben.

Raymond Asso wurde gerade zum Militär eingezogen, als ich mich in Paul Meurisse verliebte.

Ich habe dich schon um Verzeihung gebeten, Raymond. Du weißt es, und unsere Freunde wissen es auch.

Aber heute will ich es noch einmal tun. Du warst so gut, so lieb zu mir! Und ich weiß, du hast verstanden, daß ich nicht deshalb so einfach von einem Arm in den anderen taumelte, weil ich eine Dirne war, sondern weil ich eine Liebe suchte, die so groß sein sollte, daß mein ganzes Leben davon verwandelt würde.

Ich muß sagen, daß Paul mich ohne Umschweife gewann. Ich war allein im Paris der Kriegstage und sang im ‹Night Club› in der rue Arsène-Houssaye. Bevor ich gegen Mitternacht an die Reihe kam, trank ich gewöhnlich noch ein Glas in der Bar ‹La Caravelle›.
Dort bezauberte mich jeden Abend ein Mann: Elegant, unbeweglich, lässig auf die Theke gestützt, saß er da.

Es war Paul Meurisse. Alles, was ich von ihm wußte, war, daß er als Sänger keine besonders füllige Stimme hatte. Er trat im Cabaret ‹L'Amiral› auf, bei meiner Konkurrenz.

Allmählich lernten wir uns kennen. Paul hatte es mir angetan: Mit seinen guten Manieren war er für mich der Typ des Gentleman – und was hätte man mir damals nicht alles zumuten können, um einen Gentleman zu erobern!

Vor Paul hatte mir noch nie ein Mann in den Mantel geholfen, verstehen Sie? Noch nie hatte mir jemand die Tür geöffnet und war zurückgetreten, um mich vorzulassen.

Er war darin unvergleichlich!

Eines Abends schlug er mir vor: «Kommen Sie doch nach der Vorstellung auf ein Glas Champagner zu mir! Ich habe eine Menge Freunde eingeladen.»

Überglücklich nahm ich an. Gegen zwei Uhr morgens begleiteten wir seine Freunde heim, dann waren wir allein. Da warf er mit ziemlich gleichgültiger Miene hin: «Ich glaube, es ist noch ein Rest Champagner geblieben. Kommen Sie mit und helfen Sie mir ihn austrinken!»

Als die Flaschen leer waren, dämmerte es schon.

«Es ist schon spät», meinte Paul kaltblütig, «warum wollen Sie nicht hierbleiben? Dabei landen wir doch sowieso eines Tages!»

Dann sah er mir fest in die Augen und schloß: «Nichts regt mich bei den Frauen mehr auf als diese Marotte, einen drei Tage, einen Monat oder noch länger zappeln zu lassen, bevor sie endlich nachgeben. Wozu solche Umstände, wo wir einander doch gefallen?»

Entwaffnet, überzeugt und betört stimmte ich ihm zu. Unser Verhältnis sollte zwei Jahre dauern.

Welch ein Abenteuer! Wild, leidenschaftlich, und wenn ich jetzt daran zurückdenke – trotzdem herrlich.

Als wir einander Lebewohl sagten, hatte Paul endlich das abgelegt, was mich am meisten an ihm ärgerte: sein verdammtes Phlegma.

Anfangs regte ich mich oft auf, er nie. Wenn wir uns stritten, stand immer nur ich mit fliegenden Haaren und stupidem Blick da – er zuckte nicht einmal mit der Wimper. Allmählich glaubte ich, er wolle mich foppen. Also schlich ich mich an ihn heran, ohne daß er es merkte, und schrie ihm dann plötzlich lang und schrill in die Ohren. Aber er schreckte nicht einmal auf. Danach zerschlug ich alles, was mir in die Finger kam. Knapp über seinen Kopf hinweg schleuderte ich Gläser an die Wand. Alles, was ich erreichen konnte, ging in Scherben.

Ich schrie, stampfte, heulte und beschimpfte ihn. Aber Paul blieb ruhig auf seinem Bett liegen, hielt die Augen geschlossen, legte sich eine Zeitung aufs Gesicht und sagte lediglich: «Sei so gut und mach das Radio nicht kaputt!»

Aber dann zertrümmerte ich das berühmte Radio doch, und zwar nur, um ihn aus der Fassung zu bringen. Während ich es in den Händen hielt, öffnete Paul ein Auge.

Da schleuderte ich es zu Boden und trampelte noch darauf herum.

Diesmal erhob sich Paul, der Gentleman, schweigend, kam auf mich zu, sagte: «Das war nicht nett von dir!» haute mir eine runter und legte sich wieder hin.

Das war also mißlungen!

Seine Kaltblütigkeit machte mich rasend. Deshalb kündigte ich ihm eines Abends nach einer Rauferei an, daß es zwischen uns aus sei und daß ich ihn verlassen wolle. Und ich ging mit Tino Rossi zu ‹Fouquet's› zum Abendessen.

Aber dort redete ich nur von Paul, von Paul, den ich liebte, der mich in Harnisch brachte und der mir fehlte. Daraufhin telefonierte Tino heimlich mit Paul: «Wir gehen ins ‹Dinarzade›, komm auch dorthin! Sie denkt nur an dich.»

Aber das wäre zu einfach gewesen! So leicht kriegte er mich nicht wieder! Als Paul eintrat, packte mich plötzlich von neuem der Zorn. Ich drohte ihm vor allen Gästen, eine Flasche Champagner auf seinem Schädel zu zerschlagen, und da ging er schweigend wieder hinaus. Aber als ich das Lokal verließ, stand er bei einem Fiaker und wartete auf mich.

Und nun gab es eine fürchterliche Balgerei. Ich wollte nicht mit ihm fahren, und er wollte mich mit Gewalt in den Fiaker zerren.

Schließlich gelang es ihm, mich an den Händen zu packen und auf die Sitzbank zu drücken. Während die Kutsche in langsamem Trott davonrollte, schrie ich mir die Lunge aus dem Leibe: «Hilfe! Polizei! Man will mich entführen!»

Vor unserem Haus angekommen, legte mich Paul längelang auf den Gehsteig, setzte sich auf mich und rief dem Kutscher zu, während er meine Hände umklammerte: «Ziehen Sie mir den Geldbeutel aus der Tasche und nehmen Sie sich, was Ihnen zusteht!»

Als der Fiaker fort war, schleppte mich Paul ins Treppenhaus. Ich heulte vor Wut, schlug um mich und traktierte ihn mit Fußtritten. Aber dann gelang es ihm doch, mich in die Wohnung zu schleifen. Kaum hatte er mich losgelassen, stürzte ich zur Tür, um wieder zu fliehen. Aber irgend etwas hielt mich zurück:

Paul, der Unerschütterliche mit dem aufreizenden Phlegma, saß zusammengesunken auf der Kante eines Sessels und murmelte: «Ich kann nicht mehr, Didou. Halt, bitte bleib!»

Und ich war so bestürzt, daß ich blieb.

Aber unser Zusammenleben gestaltete sich danach nicht friedlicher. Ich hatte mir nämlich vorgenommen, ihn eifersüchtig zu machen, denn ich dachte, so könnte ich ihn fester an mich binden. Was für eine Hexe ich doch war!

Nun verabredete ich mich mit anderen Männern in verschiedenen Cafés und spürte doch genau, daß Paul auf der Straße hinter mir herschlich. Er war äußerst vorsichtig, um von mir ja nicht entdeckt zu werden, huschte hinter Gaslaternen, duckte sich hinter ein Auto und verschwand in Toreinfahrten.

Er lauerte mir auf, wartete stundenlang auf den Gehsteigen, und eines Tages stürmte er wütend in das Café, in dem ich gerade mit einem anderen saß, und fuhr mich an: «Komm sofort nach Haus!»

Ich gehorchte auf der Stelle. Als ich auf der Straße neben ihm hertrippelte, versuchte ich ihm alles zu erklären: «Paul», sagte ich, «das war nur Spiel. Es war dumm von mir, ich wollte dich eifersüchtig machen.»

Aber Paul antwortete nichts, sondern zog mich nur am Arm vorwärts.

Kaum waren wir in der Wohnung, begann er alles zu zertrümmern, was ich damals noch verschont hatte. Dann versetzte er mir eine solche Ohrfeige, daß ich ein blaues Auge bekam und drei Tage lang vor Schmerzen nicht essen konnte.

Schließlich trennte uns unser Beruf und nicht etwa unser Gezänk oder unsere Schlachten.

Paul war ständig auf Tournee und ich auch. Eines Tages fanden wir uns nicht wieder. Und so wurde Paul für mich ganz allmählich, ohne Jammern und Tränen, der köstlichste aller Freunde.

Ich war fünfundzwanzig Jahre alt und hatte schon viel erlebt, aber trotzdem wußte ich noch immer nicht, was Liebe wirklich war. Für mich erschöpfte sie sich in Raufereien, groben Lügen und Ohrfeigen.

Wahrscheinlich sanken deshalb meine Liebesabenteuer wieder ins Jämmerliche zurück, nachdem ich Paul verloren hatte.

Da war zum Beispiel ein verheirateter Komponist: ein hübscher, großer, eleganter Mann. Monatelang hielt er mich zum Narren, indem er mich immer wieder bat: «Gib mir einen Monat Zeit, um mit meiner Frau Schluß zu machen, dann verlasse ich dich nie mehr!»

Aber in Wirklichkeit war er zu feig, um sich scheiden zu lassen. Ich warnte ihn: «Sowie ich merke, daß du mich zum Narren hältst, betrüge ich dich!»

Und da es wirklich so war, hielt ich Wort und betrog ihn.

Als ich ihm am nächsten Tag davon erzählte, wollte er es nicht glauben, denn er war sehr von sich eingenommen. Hierauf rief ich meinen neuen Geliebten an und reichte meinem Komponisten den Hörer. Als er ihn wieder hinlegte, war er weiß wie die Wand und ging auf und davon.

Aber bei einer solchen Lebensweise mußte es schließlich so weit kommen, daß man mich für ein Flittchen hielt: Ich wurde zum Gespött meiner Umgebung und die «Zuflucht» der durchreisenden Künstler.

Die Männer behandelten mich, als hätten sie erobertes Land unter sich. Und dennoch fühlte ich mich im Innersten rein und verzweifelt und weit entfernt von dieser erniedrigenden Vorstellung.

Aber damals in New York, als ich in meinem Appartement

im ‹Waldorf Astoria› den amerikanischen Schauspieler John Glendale mit Freunden zusammen zum Dinner geladen hatte, gingen mir die Augen auf, wie tief ich schon gefallen war: Nach der Mahlzeit begleitete ich meine übrigen Gäste zur Tür.

Als ich in den Salon zurückkehrte, war John verschwunden. Ich suchte ihn überall und fand ihn schließlich rauchend, vollkommen siegesgewiß und splitternackt in meinem Bett. Da schleuderte ich ihm seine Kleider ins Gesicht und warf ihn hinaus. Dann brach ich auf meinem Bett in Tränen aus und schwor, mich zu bessern.

All diese Lügen, Ohrfeigen und schmutzigen Täuschungen hatten übel geendet.

Und dieses verrückte Leben war auch daran schuld, daß ich an der großen Liebe vorbeiging, weil ich nicht daran glauben konnte.

Es war 1946 auf einer Gastspielreise in Athen: Jeden Abend, wenn ich die Bühne verließ, überreichte man mir einen Blumenstrauß, immer den gleichen. Natürlich war ich neugierig, wer ihn mir geschickt haben könnte.

Und eines Abends kam «er» selbst: groß, mit braunem Kraushaar, stolz und romantisch. Er hieß Takis Menelas und war Schauspieler.

Er führte mich bis zur Akropolis und schüttete mir sein Herz aus. Der Mond schien, von der Stadt her wehte Gesang herauf, und neben mir flüsterte Takis' warme, bebende Stimme. Da fühlte ich mich wie ein junges Mädchen, das seiner ersten Liebeserklärung lauscht.

Eine Woche lang erlebte ich eine große Liebe. Takis flehte mich an: «Bleib hier! Ich weiß, daß ich dich nie mehr wiedersehe, wenn du abreist. Ich bitte dich, bleib! Deinetwegen lasse ich mich scheiden, und dann heiraten wir. Opfere deinen Ruhm, und bleib bei mir in diesem wundervollen Land!»

Aber ich traute ihm nicht, denn ich selbst hatte die Liebe schon so oft verhöhnt, daß ich an nichts mehr glaubte, außer vielleicht noch an die Lust.

Vier Jahre später sah ich Takis wieder. Von New York kommend, war er in Paris zwischengelandet. Drüben hatte er einen märchenhaften Vertrag, Ruhm und Reichtum ausgeschlagen, weil ihn das Heimweh nach Hause trieb.

An jenem Tag sahen wir uns kaum ein paar Minuten. Seine Lippen zitterten, als er sagte: «Ich weiß, daß du mich nicht mehr liebst, aber ich habe dich nicht vergessen. Deinetwegen, zur Erinnerung an dich, habe ich mich scheiden lassen.»

Da begriff ich, daß ich aus eigener Schuld am Glück vorbeigegangen war. Ein wenig mehr Vertrauen hätte schon genügt.

Während einer meiner letzten Krankheiten hörte ich wieder von Takis Menelas.

Er schickte mir das Glücksmedaillon, welches ich ihm damals geschenkt hatte, mit den schlichten Worten zurück: «Du brauchst sie nötiger als ich.»

Und jetzt ist es an der Zeit, Ihnen von dem Mann zu erzählen, der mein Leben wirklich erleuchtet hat, und der es bestimmt für immer gewandelt hätte, wenn nicht der Tod unser wunderbares Einssein zerstört hätte. Wahrscheinlich wissen Sie schon, daß ich den großen Boxer Marcel Cerdan meine.

Mein Rivale, der Tod

Ich habe vorhin von Marcel zu sprechen begonnen, doch ich mußte innehalten, weil es mir zu weh tut, trotz der Zeit, die seitdem verstrichen ist, trotz Freud und Leid, die das Leben mir seither in buntem Wechsel beschert hat.

Und trotz meiner letzten, so unerwarteten und tröstlichen Liebe zu diesem großen Jungen, meinem Mann Théo, der mir gewiß eines Tages in der Sterbestunde beistehen wird.

Aber es treibt mich dennoch, zu erzählen, wie das mit Marcel Cerdan und mir war, mit dieser wunderbaren, unvergleichlichen Liebesgeschichte, die meine Vergangenheit samt allen traurigen Erlebnissen, Händeln und Eintagsabenteuern auf einmal ausradiert hat, als ich dreißig Jahre alt war.

Wie oft schon hatte mich der Gedanke an meine Vergangenheit nicht schlafen lassen! Gesichter zogen vorbei und quälten mich: mein Vater, der mich in den Straßen singen ließ, seine Geliebten, die mich schlugen oder hätschelten. P'tit Louis, mein erster Liebhaber, Albert, der Zuhälter vom Pigalle, mit dem ich lebte, Leplée, der Besitzer des ‹Gerny's›, den ich ermordet haben sollte, und Raymond Asso und Paul Meurisse und all die anderen Männer, mit denen ich mein Spiel trieb oder von denen ich betrogen wurde.

Das alles war nicht immer so schön, so angenehm!

Darum muß ich heute von Marcel und mir sprechen. Über diese beiden Jahre meines Lebens habe ich bisher geschwiegen, weil ich nicht einmal daran zu denken wagte.

Aber ich will nicht sterben, ohne daß die Welt erfährt, wie es wirklich um uns beide stand. Denn was haben die Leute nicht schon alles über uns geklatscht! Wir wurden belauert und bespitzelt; man beschuldigte mich, seiner Frau den Mann und seinen Kindern den Vater geraubt zu haben.

In Wirklichkeit hätte man viel gegeben, um zu erfahren, was wirklich zwischen uns war. Aber da nichts nach außen drang, begann man zu erfinden.

Jetzt will ich Ihnen unseren wahren Roman erzählen.

Ja, ich habe Cerdan geliebt. Mehr noch, ich verehrte ihn wie einen Gott. Für ihn hätte ich alles Menschenmögliche getan: Damit er am Leben bliebe, damit die Welt wüßte, wie edel und bewundernswert er war.

Der ganzen Welt hätte ich es gern entgegengeschrien: «Marcel Cerdan hat mein Leben gewandelt!»

Bevor ich ihn kannte, war ich nichts. O Verzeihung, ich war eine berühmte Sängerin, eine sehr berühmte sogar, aber innerlich nichts als eine Frau ohne Hoffnung.

Ich glaubte, das Leben habe keinen Sinn, alle Männer seien Tiere, und das Beste, was man tun könne, sei Lachen, Trinken, Dummheiten machen und Sterben, je früher, desto besser.

Nur Raymond Asso hatte mich ein anderes Leben ahnen lassen. Aber ich betrog ihn: Er war nicht stark genug, um mich zu halten. Ehrlich gesagt, liebte ich ihn auch gar nicht, sondern bat ihn eher um Hilfe.

Marcel lehrte mich wieder zu leben. Er nahm mir die Verbitterung und den Hang zur Verzweiflung, welche mir Leib und Seele vergifteten.

Er ließ mich entdecken, daß es Sanftheit, Heiterkeit und Zärtlichkeit wirklich gab. Und da wurde die Welt für mich hell.

Wenn ich bedenke, wie viele wohlmeinende Leute mich damals fragten: «Wie können Sie nur einen Boxer lieben, einen solchen Rohling!»

Ein Rohling, er, der ihnen Lektionen in Feinfühligkeit erteilen konnte!

Beachten Sie bitte, daß selbst ich Cerdans Geheimnis nicht sofort entdeckte.

Ich hielt ihn sogar für geizig, und das ist einer der Fehler, die ich einem Mann am meisten übelnehme, denn der Geiz ist nicht nur eine Geldfrage, sondern betrifft das gesamte Verhalten eines Menschen: Wer mit seinen Pfennigen geizt, geizt auch mit seinem Herzen!

Armer Marcel! Schon bei unserer ersten Begegnung lag ihm ganz einfach nichts daran, mich zu blenden – was er so leicht hätte tun können.

Es war 1947 in New York: Bei einer Cocktailparty wurden wir einander vorgestellt. Marcel bereitete seine erste Amerika-Tournee vor, und ich steckte mitten in den Proben für mein Gastspiel.

Wir waren zwei Franzosen in New York, hatten keine Bekannten und langweilten uns.

Da mußte es wohl so kommen. Noch am gleichen Abend rief er mich in meinem Appartement im ‹Waldorf Astoria› an und lud mich zum Dinner ein. Und ich nahm an, ohne mich lang bitten zu lassen.

Selig und stolz, schminkte ich mich peinlich genau und zog mein schönstes Kleid an. Als Marcel kam, sagte er ganz einfach: «Kommen Sie schnell! Ich habe Hunger wie ein Wolf!»

‹Prima›, dachte ich, ‹also gehen wir bestimmt in ein gutes Restaurant, wo man nach Herzenslust schlemmen kann!›

Und ich trippelte neben diesem Koloß von Mann einher, bis er unvermittelt eine Tür aufstieß und mich in eine ärmliche Schnellgaststätte eintreten ließ.

Auf Barhockern kauernd, aßen wir *pastrami*, getrocknetes und gekochtes Rindfleisch. Danach kaufte er mir noch ein Eis und ein Glas Bier. Alles in allem kostete ihn das 40 Cents, nicht einmal ganze 200 Francs!

Nach dem Essen bemerkte ich ein wenig spitz: «Na, Sie machen sich bestimmt nicht arm, wenn Sie jemanden einladen!»

Darüber hätte er sich ärgern können, aber er schien sich über meine Reaktion lediglich ein wenig zu wundern und meinte lächelnd: «Daran soll es nicht liegen!» Und er führte mich in eines der berühmtesten Restaurants von New York, ins ‹Gourmet›.

Dort aßen wir noch einmal, aber richtig!

Hinter Marcels Geheimnis kam ich erst, als wir uns zum zweitenmal begegneten.

Einige Monate später lief ich ihm in Paris über den Weg, als er gerade in merkwürdiger Gesellschaft war.

Er führte einen wunderlichen Freund am Arm, einen halbblinden Araber. Ich wurde neugierig und begleitete die beiden ein Stück, und dabei erfuhr ich die Geschichte. Der Unglückliche war ein Jugendfreund von Cerdan, und Marcel hatte sich vorgenommen, ihn vor dem Erblinden zu retten. Deshalb hatte er ihn nach Paris kommen lassen und ihm die Reise von Casablanca hierher bezahlt.

Seitdem führte er ihn jeden Morgen zum Augenarzt, umgab ihn mit liebevoller Fürsorge, tröstete ihn und beglich alle Arztrechnungen.

Nie zuvor hatte ich erlebt, daß sich ein Mann einem anderen mit solcher Hingabe und einem so starken Rettungswillen widmete. Und das Wunder gelang ihm.

Als Cerdan seinen Freund zum Flugzeug nach Nordafrika begleitete, war er geheilt: Er konnte wieder sehen.

Und mich hatte er für immer gewonnen, bezaubert durch soviel innere Schönheit.

Er war reich, Weltmeister; man vergötterte ihn: Hätte er da nicht ein wenig an sich denken, ausspannen oder wer weiß was tun können? Statt dessen widmete er sich den anderen. So erfuhr ich, daß er sich zu einer Schaukampf-Tournee in der Provence verpflichtet hatte, statt sich nach einem besonders harten Match Ruhe zu gönnen.

Wollte er noch mehr verdienen? Nein, er spendete seine Gage einem Heim für tuberkulöse Kinder.

Als ich davon hörte, war ich entrüstet. Von New York aus telegrafierte ich ihm: «Warum? Und wenn dich einer zusammenschlägt? Wer wird sich dann um dich kümmern?»

In einem langen Brief erklärte er mir seine Beweggründe: «Ich habe diese armen Tröpfe besucht und gespürt, wie sich ihre Händchen an mich klammerten. Da dachte ich: ‹Es ist doch gut, wenn man nützlich sein kann!› Kommt es denn aufs Geld an?»

Noch unzählig viele Beispiele seiner ungewöhnlichen Nächstenliebe könnte ich zitieren.

Aber das Folgende ging mir am meisten zu Herzen: Eines Abends trug er einen Kampf gegen einen alten Boxer aus, der ihm nicht gewachsen war. Er hätte ihn unweigerlich k. o. geschlagen, aber da hörte er ihn betteln: «Laß mich leben, Marcel, laß mich leben!»

Daraufhin begnügte er sich mit einem Sieg nach Punkten und ließ sich von der Menge im Saal auspfeifen, ohne mit der Wimper zu zucken.

Als er mir die Geschichte erzählte, meinte er: «Sie haben mich wohl ausgepfiffen, aber ich war noch nie so froh wie damals. Weißt du, Edith, man muß immer gut sein im Leben.»

Manchmal sträubte ich mich, aber er war geduldig und machte aus mir, was er wollte.

Eines Abends umringte mich eine Menge von Verehrern, als ich das ‹A.B.C.› verließ. Alle wollten mich umarmen, berühren, ein Autogramm haben.

Ich war abgespannt, hochnäsig, bildete mir obendrein noch ein, daß diese Huldigungen mir selbstverständlich gebührten, und wehrte sie alle ab.

«Laßt mich in Ruhe!» brummte ich und verschwand mit Marcel im Wagen.

Wir fuhren schon ein paar Minuten, als ich spürte, daß irgend etwas nicht stimmte. Und da sagte er auch schon: «Heute abend hast du mich zum erstenmal enttäuscht, Edith!»

«Ach, ich bin so müde, Marcel, und mit meinen Nerven am Ende.»

Erst sah er mich schweigend an und sagte dann unvermittelt: «Aber die Menschen, die auf deine Unterschrift warten, wollen dir doch ihre Liebe dafür schenken. Erinnerst du dich noch an die Jahre, als du noch nicht berühmt warst und sie sehnlichst erwartet hast? Und denke auch nur einen Augenblick daran, daß du eines Tages wieder auf sie warten wirst, und sie werden nicht mehr kommen.»

Seit dieser Nacht habe ich niemandem mehr ein Autogramm verweigert, mochte ich auch noch so erschöpft sein.

In New York bereitete mir Cerdan eines Abends die größte Freude meines Lebens: Die Vorstellung war zu Ende; es ging auf Mitternacht zu. Da erzählte mir jemand, daß in Coney Island Jahrmarkt sei.

Marcel stand neben mir. Freudestrahlend nahm er meinen Arm und sagte: «Komm, du darfst Karussell fahren!»

Und übermütig wie Kinder machten wir uns auf den Weg. Nachher zog er mich in die Geisterbahn und johlte vor Vergnügen, während ich vor Angst aufschrie. Hunderte von Menschen hatten sich um uns versammelt und riefen: *«It's Cerdan! Hip! hip! hip! hourrah!»* Marcel flüsterte mir ins Ohr: «Mich haben sie erkannt und dich nicht.»

Ich war wirklich schon gekränkt, als plötzlich eine Stimme rief: «Edith, singen Sie uns doch *‹La vie en rose›*!»

Da wurden alle Karusselle angehalten, und es war mäuschenstill, während ich sang. Nachher, als die Leute applaudierten, drehte ich mich um und sah in Marcels bewegtes Gesicht.

«Das, was du tust, Edith, ist besser als mein Sport», sagte er. «Du gibst ihnen Freude und Glück.»

Bei diesen Worten spürte ich die Tränen über meine Wangen laufen. *Ich* besser als Cerdan? Das war das schönste Kompliment, das mir ein Mann machen konnte – ein Kompliment, das ich wahrlich nicht verdient hatte.

Wenn ich von Cerdan bloß spreche, komme ich mir schon besser vor, als ich bin. Er war edler als die anderen Männer. In seiner Nähe wurde selbst das Unglaubliche möglich.

Etwas habe ich bis heute niemandem erzählt, denn ich wollte nicht, daß eine meiner wunderbarsten und glücklichsten Erinnerungen durch skeptisches Grinsen geschändet würde.

Eines Tages bat ich den Himmel für Cerdan um ein Wunder, und ich wurde erhört.

Ein paar Wochen vor dem Weltmeisterschaftskampf, den er gegen Tony Zale austragen sollte, schlug ich ihm vor: «Hör zu, morgen fahren wir nach Lisieux und beten dort um deinen Sieg.»

In der Kirche flehte ich zur heiligen Therese: «Ich erbitte nichts für mich. Laß mir Unglück und Leid, aber ihm, dessen Opfer und Mühen du kennst, ihm, der sich von diesem Kampf alles erhofft, ihm gib den Sieg, ich bitte dich darum!»

Einige Tage später rüstete ich mich für die Gastspielreise nach New York, wo auch Marcel in den Ring treten sollte.

Meine Freundin Ginette und ihr Mann Michel waren bei mir. Ich packte gerade meine Koffer, als wir einander plötzlich verwundert ansahen: Im Zimmer hatte sich ein paar Sekunden lang kräftiger Rosenduft verbreitet. Ginette und Michel suchten überall, in der Meinung, ein Flakon mit Parfum sei in Brüche gegangen. Aber daran lag es nicht. Ich wußte, was das bedeutete, denn ich hatte meine Kindheit in Lisieux verbracht. Ich wußte, daß die Heilige jedem, dem sie eine Gnade erwiesen hatte, Rosenduft zum Zeichen sandte.

Von diesem Augenblick an wußte ich, daß Marcel Cerdan die Weltmeisterschaft sicher war.

Und dennoch wagte ich eine Woche später während des Kampfes kaum auf den Ring zu blicken. Als Tony Zale in der berüchtigten vierten Runde Marcel beinahe zusammenschlug, glaubte ich zu sterben.

Mitten unter der tobenden Menge im Saal betete ich zu der Heiligen: «Du hast ihm den Sieg versprochen, vergiß es nicht!»

Ich betete und hieb dabei mit beiden Fäusten auf den Hut eines Zuschauers vor mir ein. Am Ende des Kampfes, als Marcel, Sieger durch k. o., die Menge grüßte, drehte sich der Mann um und reichte mir seinen verbeulten Hut: «Da, nehmen Sie ihn bitte! So wie er aussieht, kann ich ihn doch nicht mehr tragen, aber Sie wird er gewiß immer an eine große Freude erinnern!»

Außerhalb des Ringes war Cerdan der sanfteste aller Männer. Nur zweimal erlebte ich, daß er zuschlug, und zwar meinetwegen. Den einen ohrfeigte er, und den anderen verdrosch er.

Der erste hatte mehr als häßliche Dinge über mich erzählt. Marcel traf ihn in der ‹Salle Wagram›, wo er sich gerade als Zuschauer aufhielt.

Gutmütig lächelnd näherte er sich dem Kerl, der ganz kleinlaut wurde, und sagte mit einer gewissen Liebenswürdigkeit: «Du Saukerl, du!»

Dann gab er ihm eine furchtbare Ohrfeige, aber unmittelbar danach bat er seine Freunde: «Bringt ihn rasch fort und sagt ihm, er soll verschwinden!» Denn Marcel, dieser Brocken, wollte sich mit niemandem schlagen aus lauter Angst, dem anderen weh zu tun.

Der zweite, dem er einen Denkzettel geben wollte, war einer unserer gemeinsamen Freunde, ein Publizist.

Er hatte in einer Zeitung einen Artikel über Marcel und mich veröffentlicht, der von reichlich abscheulichen Lügen wimmelte. Er wußte es und war an jenem Tag in der Hoffnung zu mir gekommen, ich würde ihm verzeihen, wenn er mir sein Verhalten erklärte.

Er hatte sein Ziel fast erreicht – denn ich verzeihe immer –, als Marcel eintrat.

Als er den Mann vor sich sah, der unsere Freundschaft verraten hatte, wurde er bleich vor Wut. Er packte ihn am Rockaufschlag und zerrte ihn durch mein Zimmer, während er aus Leibeskräften auf ihn einhieb.

«Verzeih mir, Marcel! Hör auf zu schlagen!» stöhnte der andere.

Aber Cerdan war wie von Sinnen, schleppte ihn bis zu mir und befahl: «Spuck ihm ins Gesicht!»

Ich versuchte Marcel zu gehorchen, aber ich konnte nicht, so bestürzt war ich.

Danach stieß er ihn bis zur Tür und sagte: «Hau ab, und komm mir nicht mehr unter die Augen!»

Es wollte ihm nicht in den Kopf, daß man manchmal auch

unehrlich sein konnte. Immer ließ er irgendwo sein Geld herumliegen, seine Papiere, seine Koffer; und das Erstaunlichste war, daß er nie bestohlen wurde.

Er war einfach nicht imstande, an die menschliche Bosheit zu glauben.

Marcel war es, der mir beibrachte, was wesentlich ist im Leben, wie man sich ohne Scham im Spiegel betrachten kann, und ohne über seine Vergangenheit zu erröten. Und was gab ich ihm dafür?

Nicht eben viel.

Als ich ihn kennenlernte, machte ich mich über ihn lustig, denn überall, im Flugzeug, im Zug, zu Hause, las er nur Comics, Cowboy-Geschichten oder Kriminalromane.

«Aber Marcel», begann ich, «du solltest etwas anderes lesen!»

Geduldig legte ich meinem Weltmeister Gide, Steinbeck und Jack London in die Hände. Ich paßte auf, ob er in den Büchern nicht etwa Witzblätter versteckte. Anfangs schaute er mich an wie ein geprügelter Hund und klagte: «Warum tust du mir das an, Edith? Warum zwingst du mich zum Lesen, wenn das Wetter so schön ist, daß ich lieber bummeln gehen möchte?»

Aber bald bereute ich meinen Eifer, denn er wurde ein fanatischer Leser, der sich nur noch mit seinen Büchern beschäftigte. Er schlenderte über die Quais und klapperte alle Buchläden ab. Wenn er las, dachte er an nichts anderes mehr. Da mußte ich schon Glück haben, wenn er mich beim Eintreten bemerkte.

Ich brachte ihm auch bei, wie man sich anzieht. Vorher trug er alles, was ihm gerade in die Finger kam. In violette Krawatten und getupfte Hemden war er vernarrt, und ich rückte seinen Geschmack ein wenig zurecht.

Selbst wenn ich sang, wich Marcel nicht von meiner Seite. Von der Bühne aus sah ich ihn in den Kulissen stehen. Er hörte mir zu und kümmerte sich um die Vorhänge. Über jedes Geräusch konnte er sich ärgern.

Oft betrachtete er mich verwundert und sagte jedem, der es

hören wollte: «Begreifen Sie, wie diese halbe Portion so singen kann?»

Wahrscheinlich war diese Liebe zu schön für mich, denn wieder einmal brach der Schrecken in mein Leben ein. – Die furchtbare Nachricht schmetterte mich nieder: Das Flugzeug Paris–New York war über den Azoren abgestürzt, und Marcel Cerdan war an Bord. Marcel Cerdan war tot.

An jenem Abend war ich in New York und sang in einem der feinsten Cabarets, im ‹Versailles›. Ich stand Höllenqualen aus, vor denen Worte versagen. Ich war nur noch Fleisch um ein todwundes Herz. Doch ich hielt durch bis zum Schluß. Vor meinem ersten Chanson hatte ich angekündigt: «Heute abend singe ich im Gedenken an Marcel Cerdan. Ich singe nur für ihn.»

Vielleicht hat mich das vor dem Selbstmord bewahrt.

Nicht daß das, was ich danach tat, besser gewesen wäre ...

Doch unser Leben gehört uns nicht. Und Mut ist nichts anderes als bis ans Ende zu gehen.

Übrigens hat mich Marcel seitdem nie mehr verlassen. Heute noch frage ich mich, wenn ich eine Entscheidung zu treffen habe: ‹Wie würde Marcel an meiner Stelle handeln?›

Die Zweifler tun mir leid: Sie werden darüber lächeln – aber seit Marcels Tod glaube ich an den Spiritismus, an die Warnungen, Winke und Hinweise des Tischrückens.

Wollen Sie Beweise? Nun gut: Seit diesem schrecklichen Abend wies mich der Tisch in jeder spiritistischen Sitzung auf dasselbe Datum hin, auf den 17. Februar.

Jedesmal fragte ich: «Ist es ein erfreuliches Ereignis?» Und der Tisch antwortete immer mit «Ja».

Endlich war der 17. Februar da. Um vier Uhr nachmittags klingelte es, und ein kleiner Depeschenbote brachte mir ein Telegramm folgenden Inhalts: «Edith, kommen Sie nach Casablanca. Ich möchte Sie sehen.»

Und darunter stand «Marinette».

Das war Marinette Cerdan, Marcels Frau.

Mit dem nächsten Flugzeug flog ich nach Casablanca.

Sie erwartete mich am Flughafen. Wir sanken einander weinend in die Arme, und ich sagte bewegt: «Wenn ich Ihnen ein wenig helfen kann, Marinette, wenn ich Marcel ein wenig ersetzen kann, wenn Sie mich brauchen – ich bin da. Immer werde ich für Sie da sein.»

Das Leben hatte wieder einen Sinn für mich. Ich war gerettet.

Bald würde ich für Marcels Sohn sorgen.

Diejenigen, die das nicht verstehen, haben noch nie geliebt und den geliebten Menschen durch den Tod verloren.

Sie begnügen sich mit den kleinen Erbärmlichkeiten der Lebenden.

Marinette und mich – ein Mann hatte uns beide gewandelt.

Meine Hölle, das Rauschgift

Wie tief man auch fällt, man darf niemals verzweifeln.

Genau sechs Monate nach Cerdans Tod ließ ich mich bis auf den Boden des Abgrunds gleiten. Vergeblich redete ich mir ein, daß Marcel mich nicht verlassen hätte, daß er mich von der anderen Welt aus beschützte.

Vergeblich wiederholte ich mir, daß ich tapfer sein wollte, wie ich es ihm versprochen hatte.

Aber ich hielt nicht durch: Ich wurde süchtig.

Das hat mich wohl für immer gezeichnet.

Und das noch zu allem, was ich an Furchtbarem und Schmutzigem schon erlebt hatte; denn wie es auch sein mochte: mein Leben hatte übel begonnen.

Vielleicht hat das Gift meine Gesundheit untergraben. Wahrscheinlich werde ich deshalb zu früh sterben, selbst wenn ich inzwischen entwöhnt worden bin.

Das Rauschgift verwandelte mein Leben vier Jahre lang in eine Hölle.

Ja, vier Jahre lang lebte ich fast wie ein Tier oder wie eine Irre, für die es nichts mehr gibt außer dem Augenblick, da sie nach der Spritze die schmerzlindernde Wirkung der Droge verspürt.

Meine Freunde werden gesehen haben, wie ich mich mit Schaum vor dem Mund an das Gestänge meines Bettes klammerte und meine Dosis Morphium forderte.

Sie werden gesehen haben, wie ich mir hinter den Kulissen in fliegender Hast durch Rock und Strumpf hindurch die Spritze in den Schenkel jagte, ohne die ich nicht hätte auftreten, nicht hätte singen können.

Aber trotzdem hielt mich nichts auf der Welt vom Singen ab, nicht einmal meine tiefste Verzweiflung.

Noch kurz vor meinem Tode werde ich an ein Chanson denken.

Und wenn ich wählen könnte, würde ich gern mitten im Singen auf der Bühne zusammenbrechen, um nie mehr aufzustehen.

Ich möchte die Zeit, in der ich nur noch eine willenlose Hülle war, noch einmal heraufbeschwören, um all jene zu warnen, die nach einem allzu großen Schmerz im Rauschgift oder im Alkohol Vergessen suchen.

Niemand hat auch nur versucht, mich zu warnen. Eher hätte man mich den unheilvollen Hang noch vollends hinabgestoßen.

Marcel lebte nicht mehr.

Ich täuschte mich nicht darüber, was mich erwartete, als ich die erste Spritze annahm.

Ich gab sie mir übrigens nicht vorsätzlich, um süchtig zu werden.

Das Schicksal, mein Unstern, wachte wieder einmal über mir, wie wenn irgendwo geschrieben stünde, daß die Göre Piaf jedesmal wieder in den Dreck zurückfallen müsse, wenn sie gerade am Herauskriechen war.

In der Nähe von Tarascon hatte ich einen Autounfall. Ich habe schon oft bedauert, daß ich dabei nicht umgekommen bin. So wäre ich wenigstens mit dem vereint gewesen, den ich nicht vergessen konnte.

Aber vielleicht hatte ich noch nicht genug abgebüßt! Mein Körper eine einzige Wunde, ein Arm und einige Rippen gebrochen – so trug man mich aus dem Wagen, der nur noch ein Schrotthaufen war, und brachte mich ins Krankenhaus.

Jedesmal, wenn man mich bewegte, schrie ich auf vor Schmerz. Da gab mir eine Krankenschwester meine erste Spritze.

Mit einem Schlag schwand der Schmerz, und ich fühlte mich außerordentlich wohl.

Doch als die Wirkung der Spritze nachließ, meldeten sich die Schmerzen wieder, und ich verlangte eine zweite Injektion.

Man ließ mich so lange wie möglich warten, doch schließlich

bekam ich sie, weil ich so furchtbar litt. Von da an war ich verloren.

Man brachte mich aber mit dem Krankenwagen in meine Pariser Wohnung zurück, und dort hatte ich keine Krankenschwester mehr, die mich überwacht hätte. Ich bat alle meine Freunde, mir Morphium zu verschaffen: Mein verseuchter Körper verlangte danach.

Alle weigerten sich – bis auf meine Freundin Janine. Sie besuchte mich täglich und brachte mir in der Handtasche versteckt die Dosis.

Kaum hatte sie die Tür hinter sich geschlossen, rappelte ich mich hoch.

Auf allen vieren suchte ich die Spritze, die ich abwechselnd unter dem Bett, im Plattenspieler und hinter der Badewanne versteckte, damit meine Freunde sie nicht finden konnten.

Keuchend herrschte ich Janine an: «Gib schnell her!» und stieß mir gleich darauf mit halbgeschlossenen Augen die Nadel ins Fleisch. Sofort fühlte ich mich wie neugeboren. Danach blieb ich stumpfsinnig, aber endlich von den Qualen erlöst auf dem Bett liegen.

Ich gab ein Vermögen aus, um Morphium zu bekommen.

Wozu wäre ich nicht fähig gewesen, um mir meine Tagesdosis zu verschaffen, wenn ich kein Geld gehabt hätte!

Aber ich hatte ja genug. Ich verdiente Millionen. Die Rauschgifthändler wußten das genau und profitierten davon.

Fremde, beängstigende Gestalten sah ich an mir vorüberziehen. Ich wußte, daß sie mich bestahlen, daß sie meine Schwäche ausnützten, aber ich konnte nicht widerstehen.

Das dauerte ein Jahr. Inzwischen war ich fast unkenntlich geworden und schließlich an den Punkt gekommen, wo mich das Rauschgift trotz der Spritzen und der laufend verstärkten Dosis nicht mehr befriedigte.

Und übrigens gab es an meinem Körper kaum mehr eine Einstichstelle: Schenkel und Arme waren von Riesenödemen bedeckt.

Wenn ich spürte, daß die Wirkung des Giftes nachließ, hatte ich es nämlich so eilig, zu meiner Dosis zu kommen, daß ich mir nicht einmal die Mühe nahm, Nadel und Spritze auszukochen, um sie zu sterilisieren. Rücksichtslos spritzte ich mich durch die Kleider.

Wahrscheinlich wäre ich verrückt geworden, wenn ich nicht in einem lichten Moment die Schwelle einer Entziehungsanstalt überschritten hätte.

Ich erinnere mich noch, daß mich Angst befiel, als die Krankenschwester auf mich zukam. Sie war so kräftig, ich dagegen dermaßen schwächlich und wacklig, nur noch ein Schatten meiner selbst.

Sie packte mich, zog mich aus, suchte mich am ganzen Körper ab und ließ mich ein Bad nehmen.

Später erfuhr ich, daß viele Kranke, die zur Entziehungskur kommen, im Haar, in den Achselhöhlen oder sonstwo an ihrem Körper Morphium versteckt tragen, um es während ihres Klinikaufenthalts nicht entbehren zu müssen. Ich hatte nichts mitgenommen.

Nach der Kur kehrte ich wieder heim, aber das hätte ich nicht tun dürfen, denn ich war nicht wirklich geheilt.

Ich wußte nicht oder machte mir vielleicht nicht klar, was mich erwartete. Dr. Migot, mein Arzt, hatte mir vorausgesagt, daß auf eine Entziehungskur stets eine Periode nervöser Depressionen folge.

Und ich glaubte mich stark genug, sie zu überstehen. Doch ich hielt nicht durch.

All meine Kräfte hatten mich verlassen. Ständig spürte ich eine Hand an der Kehle, die mich erdrosseln wollte. Mitunter wuchs die Angst ins Unerträgliche. Nachts fuhr ich schreiend aus Albträumen hoch; tagsüber blieb ich erschöpft im Sessel sitzen, unfähig, von einem Zimmer ins andere zu gehen.

Loulou Barrier, mein Impresario, besuchte mich täglich. In seinem mitleidigen Blick sah ich Tränen schimmern: Ich war nur noch ein Wrack.

Das kam mir eines Tages so stark zu Bewußtsein, daß ich mir das Leben nehmen wollte. Das grausige Possenspiel hatte lange genug gedauert: Es war nun Zeit, den Vorhang herunterzulassen, wenn ich meine Tage nicht in einer Zwangsjacke beenden wollte.

Ich bereitete alles vor, das Glas und das Gift, und mußte nur noch trinken. Aber in diesem Augenblick stürmte eine fröhliche Bande in meine Wohnung, bloß um mich schnell mal zu begrüßen. Wieder ein Wunder in meinem Leben, oder mindestens etwas, was ich dafür hielt.

Ich nahm das Gift nicht, sondern verlangte sofort einen Arzt, und man schickte mir einen.

«Ich habe Verträge einzuhalten», erklärte ich ihm, «aber schauen Sie mich an! Was bin ich denn? Bloß noch ein Hader, kaum fähig zu sprechen. Können Sie etwas für mich tun?»

Und er verschrieb mir Spritzen. Sie würden den Organismus anregen, meinte er. Und tatsächlich lebte ich gleich nach der ersten wieder auf.

Und das mit gutem Grund! Man hatte mir mein Gift wiedergegeben. Der Arzt wußte nicht Bescheid, und ich täuschte ihn, indem ich so tat, als wüßte ich nicht, was die Spritzen enthielten.

Sie ermöglichten mir, auf die Bühne zurückzukehren, wieder zu singen, mein Publikum zu unterhalten und Geld zu verdienen, das ich dringend brauchte, um auf meine Weise leben zu können.

Diesmal dauerte es nicht lange, bis ich durch und durch süchtig war.

Mit aufgedunsenem Gesicht und leerem Blick betrat ich meine Garderobe und schminkte mich wie im Traum.

Dann wartete ich, bis man an die Tür klopfte, um mir anzukündigen: «Edith, du bist dran!» Da schickte ich rasch die Ankleidefrau hinaus und gab mir eine Spritze.

Eines Abends versuchte ich, ohne sie auszukommen, und dachte: ‹Du mußt dich doch selbst heilen können!›

Aber was nachher kam, war grauenhaft! Vom Scheinwerferlicht geblendet, Schweißperlen auf der Stirn – so stand ich mit rasendem Herzklopfen auf der Bühne und mußte mich ans Mikrophon klammern, um nicht zusammenzusinken.

Ich begann zu singen, aber bald blieb ich stecken: Ich konnte mich nicht mehr an die Worte meines Chansons erinnern.

Erst blieb es lange still, dann hörte ich die ersten Zurufe: Das Publikum machte sich über mich lustig.

Ich brach in Tränen aus und stammelte: «Es ist nicht meine Schuld! Ich kann nichts dafür, bitte verzeihen Sie!»

Danach kehrte ich zum zweitenmal in die Entziehungsanstalt zurück.

Nach vierzehn Tagen glaubte ich, mein Kopf würde zerspringen. Nachdem ich vergebens um eine Spritze gebettelt hatte, floh ich nachts im Morgenrock aus der Klinik, rannte an dem verdutzten Wärter vorbei, sprang in ein Taxi und fuhr heim, um mir die Spritze zu geben.

Ich hörte nicht auf meine Freunde, die mich retten wollten; die Ärzte, welche mich ebenfalls meinem Gift entreißen wollten, warf ich hinaus. Trotz meines jämmerlichen Zustandes entschloß ich mich plötzlich, mit dem Super-Circus auf Tournee zu gehen.

Das war im Mai 1954. Niemals werde ich die folgenden neunzig Tage vergessen, den Kreuzweg dieser neunzig Tage! Ich sah nichts von den Städten, die wir Tag für Tag durchfuhren; auch kein einziges Gesicht darin prägte sich meinem Gedächtnis ein.

Denn ich war nur noch eine verwirrte Marionette. Jedesmal, wenn wir wieder aufbrachen, schleppte mich meine Sekretärin bis zum Wagen, und drinnen sank ich sofort in einen bleiernen Halbschlaf.

Am nächsten Ort angekommen, zog man mich bis in mein Hotelzimmer hinauf und legte mich ins Bett. Dort wartete ich auf Janine, die jede Woche nach Paris zurückfuhr, um mir meine Ration Morphium zu holen.

Ich war in einer solchen Verfassung, daß ich an manchen Abenden die Worte meiner Chansons durcheinanderbrachte oder neue erfand. Meine Musiker mußten wahre Wunder vollbringen, um mich einzuholen.

Die qualvolle Tournee ging in Cholet zu Ende. Nach meinem letzten Chanson wickelten mich Lou Barrier und meine Sekretärin in eine Decke und trugen mich ins Auto.

Wir fuhren den Rest der Nacht durch, und im Morgengrauen begab ich mich zum drittenmal in vier Jahren in die Entziehungsanstalt.

Dr. Migot empfing mich traurig: «Schon wieder Sie?»

Und ich antwortete: «Das ist das letzte Mal. Entweder werde ich gesund oder ich bringe mich um!»

In den ersten Tagen gab man mir die Spritze, wenn ich danach verlangte. Dann verringerte man die Dosis.

Von da an begann mich mein vollkommen vergifteter Körper zu peinigen.

Anfangs bekam ich täglich zehn Injektionen, später nur noch vier: eine morgens nach dem Erwachen, die zweite mittags, die dritte nachmittags und die vierte abends vor dem Einschlafen.

Aber allmählich ersetzten die Schwestern das Gift durch ein harmloses Mittel.

Manchmal merkte ich es nicht, aber wenn ich spürte, daß die Spritze mich nicht befriedigte, bekam ich furchtbare Wutanfälle, weil man mich betrogen hatte.

Ich fegte alle Gegenstände vom Nachttisch, fuhr aus dem Bett, und wie eine Furie zertrümmerte ich alles im Zimmer, bis die Schwestern hereinstürzten und mich bändigten.

Es war grauenhaft! Ich benahm mich abscheulich, wie eine rasende Bestie, der man die Beute entrissen hat.

Jeden Tag wurden mein Zimmer, meine Kleider und ich selbst gründlich durchsucht. Das Personal solcher Anstalten weiß nur zu gut, auf welch teuflische Schliche die Süchtigen verfallen, um das Gift zu verstecken, welches sie zuerst entwürdigt, bevor es sie schließlich tötet.

Endlich kam der letzte Tag dieser dritten Kur heran, an dem ich überhaupt keine Spritze mehr bekommen sollte. Es war der längste und furchtbarste Tag meines Lebens.

Von elf Uhr vormittags bis fünf Uhr nachmittags brüllte ich wie eine Irre. Ich verbiß mich in das Bettzeug und wand mich tränenüberströmt, röchelnd und mit schäumenden Lippen auf dem Bett.

Ich war wirklich wahnsinnig. Das furchtbare Verlangen, dieser einzige Schrei meines Körpers nach der Droge hatte mich wahnsinnig gemacht. In mir tobte ein furchtbarer Kampf.

Aber ich wollte genesen, wirklich genesen! Ich schrie es hinaus, riß mich los, warf mich zu Boden und grub meine Nägel ins Holz.

Diejenigen, welche solche Qualen noch nicht erlitten haben, können mich nicht verstehen. Sie müssen glauben, daß ich übertreibe.

Dr. Migot fragte mich sanft: «Wollen Sie eine Spritze – die letzte?»

Ich erinnere mich noch an das, was ich dem Arzt antwortete, während ich von vier Schwestern auf dem Bett festgehalten wurde, damit ich mich nicht aus dem Fenster stürzen konnte: «Nein, ich hasse das Gift! Ich will gesund werden!»

Aber woher nahm ich bloß noch die Kraft zu diesem Schrei?

Aus einer übernatürlichen Gegenwart. Und daran halte ich fest, mag mich auch alle Welt verlachen.

Es war eine Gegenwart, die mich in letzter Minute vor mir selbst gerettet hat.

Mein ganzes Leben ist durch solche Wunder gezeichnet, bis es dem Himmel eines Tages leid sein wird, mich vor der letzten Katastrophe zu bewahren.

Plötzlich war mir ein Gesicht erschienen, während ich mich auf dem Bett krümmte, und diesmal rettete es mich. Es war das Gesicht meiner Mutter, dieser Mutter, welche mich verlassen hatte, als ich zwei Monate alt war, und die ich fünfzehn Jahre später in einem schäbigen Zimmer am Pigalle wiederfand. Dort lag sie auf dem Bett und röchelte: «Meine Dosis, ich will meine Dosis!»

Meine arme, beklagenswerte Mutter, die ich viermal in die Entziehungsanstalt brachte, und die jedesmal wieder ihrem Laster verfiel.

Meine Mutter, die an einem Augustabend des Jahres 1945 ganz allein in ihrem Zimmer an einer zu starken Dosis Morphium starb.

Ja, das Gesicht meiner Mutter und ihr Andenken rissen mich an jenem Tag vom Rand des Abgrunds zurück, in den ich schon hinunterwanken wollte.

Abends hatten mich alle Kräfte verlassen. Mit geschlossenen Augen lag ich reglos im Bett und atmete mühsam.

Mir war, als wäre ich tot. Doch da sagte Dr. Migot neben mir: «Ich danke Ihnen, Edith! Sie sind der erste Mensch, den ich von diesem furchtbaren Übel heilen konnte. Seit ich meinen Beruf ausübe, habe ich noch nie einen Süchtigen wirklich gerettet, und ich begann schon an mir zu zweifeln. Sie sind mein erster Sieg!»

Ich war geheilt, aber die Leiden hatten noch kein Ende: Noch vier Stationen meines Kreuzwegs galt es durchzustehen.

Die Ärzte warnten mich: «Nehmen Sie sich in acht! Nach einer Entziehungskur verlangt das Gift in den letzten Tagen des darauffolgenden dritten, sechsten, zwölften und achtzehnten Monats wieder sein Recht.»

Ich erwartete diese Tage mit Bangen.

Acht Monate lang erduldete ich allein in meiner Wohnung das Grauen vor einem Rückfall. Ich wollte niemanden sehen in meinem abgedunkelten Zimmer.

Aber eines Tages öffnete ich wieder Tür und Fensterläden; die Sonne flutete ins Zimmer, und ich begann wieder zu leben.

Durch dick und dünn

Meinem ersten Ehemann mußte *ich* die Heirat antragen – das paßt genau zu meinem Liebesleben!

An Männern hat es in meinem Leben gewiß nicht gefehlt, weder an guten und schlechten noch an schönen und häßlichen.

Nur war es so, daß ich diejenigen, welche mich an sich binden wollten, nicht oder nicht genügend liebte; und die anderen wiederum, mit denen ich mich gern verbunden hätte, liebten mich nicht oder waren nicht frei.

So blieb ich nach jedem Abenteuer einsamer als je zuvor zurück, mit einer neuen Wunde, die mir wenigstens half, meine Chansons von der Liebe ergreifender zu singen.

Ich flog von einem Mann zum anderen und wünschte doch nichts sehnlicher, als endlich bleiben zu können. Aber da mir das nie gelang, geriet ich von Mal zu Mal ein wenig tiefer in die Verzweiflung.

Als ich Jacques Pills begegnete, hatte ich wieder einmal ein solch banales, aussichtsloses Abenteuer hinter mir.

Dazu war es nach meinem schrecklichen Autounfall bei Tarascon gekommen, als man mich in mein viel zu schönes Haus in Boulogne gebracht hatte. Dort lag ich verlassen mit meinem Gipsverband am Arm, mit den gebrochenen Rippen, mit meinen Morphiumspritzen und dem stetig wachsenden Schmerz um Cerdans Tod.

Damals pflegte mir ein Mann täglich stundenlange Besuche zu machen, und seine Gegenwart tat mir gut.

Er war zierlich und verführerisch; sein trauriger Blick zog mich zu ihm hin. Er war ein bekannter Radrennfahrer, und ich verschweige seinen Namen nur, um seine Familie – seine Kinder vor allem – zu schonen.

Eines Abends gestand er mir: «Ich liebe dich und weiß, daß das unvernünftig von mir ist, weil ich verheiratet bin, aber ich muß immerzu an dich denken.»

Ich mochte ihn auch; natürlich hatten wir ein regelrechtes Verhältnis. Aber diese neue Liebe dauerte nur ein Jahr und schenkte mir nicht viele wahre Freuden, denn mein Champion konnte sich nicht entscheiden.

Er wagte seine Frau nicht zu kränken, mich aber wollte er auch nicht opfern.

Wenn ich auf Tournee ging, kehrte er zu ihr zurück, ließ sie aber sofort im Stich, wenn ich wieder in Paris war.

Ich liebte ihn trotzdem.

Jeden Morgen saß ich frühzeitig in meinem Wagen am Ufer des Sees im Bois de Boulogne und sah zu, wie mein Rennfahrer seine Trainingsrunden drehte. Er meinte: «Es ist doch schön, so einem Trupp beim Radeln zuzusehen!» Und ich stimmte ihm zu. Er erzählte mir von seinen Wettkämpfen, von Übersetzungen an Rennrädern, und verlangte, daß ich ihm die Stoppuhr hielt. Das gefiel mir zwar nicht besonders, aber ich wollte ihm etwas zuliebe tun. Ich machte alles, was er wollte.

Und dann klopfte eines Nachmittags die Polizei an die Tür. Es war die klassische Geschichte: Mein Champion hatte seine Sachen zu mir gebracht, und seine Frau hatte mich verklagt. Man beschuldigte mich der Hehlerei und wollte mich einsperren.

Von da an nahm unsere Geschichte eine klägliche Wendung. Wir konnten einander nur noch heimlich treffen: mit hochgeschlagenem Mantelkragen auf Hintertreppen nach ebenso entsetzlichen wie lächerlichen Verfolgungsjagden im Auto.

Einem solch elenden Spektakel hält keine Liebe stand.

Unsere erkaltete nach und nach.

Gerade in diesem Stadium klingelte Jacques Pills bei mir.

Das war im Mai 1953. Er kam aus den Vereinigten Staaten und verkündete mir: «Ich habe ein Chanson für dich geschrieben. Hör dir's mal an!»

Sein Pianist, ein unbekannter Mann namens Gilbert Bécaud, setzte sich ans Klavier, und Pills sang: «*Je t'ai dans la peau.*»

Das Chanson gefiel mir, und Pills kam vierzehn Tage lang zu mir, um es mir einzupauken. Aber statt zu arbeiten, unterhielten wir uns jedesmal und schauten einander an.

Wieder einmal war ich verliebt.

Diesmal dachte ich: ‹Jetzt ist es soweit! Endlich habe ich die Liebe meines Lebens gefunden, den Mann, mit dem ich ein Leben lang glücklich sein kann – endlich einen Ehemann!› Aber Jacques war schüchtern. Ich sah wohl, daß er mit mir nur zu gern von der Liebe gesprochen hätte. Jedesmal, wenn sich seine Lippen öffneten, dachte ich: ‹Jetzt wird er sich erklären!›

Aber nein, sein Adamsapfel hüpfte auf und ab, er schluckte den Speichel hinunter und schwieg weiter.

So ging es vierzehn Tage. Doch eines Abends beim Weggehen warf er fast unwillig hin: «Ich liebe dich!» Und ich erwiderte ohne Zögern: «Dann beweise mir deine Liebe, Jacques! Würdest du mich heiraten, wenn ich dich darum bäte?»

Da schloß er mich in die Arme und lachte wie ein Junge: «Wann du willst und wo du willst!»

Ach, wie fand ich ihn da himmlisch!

An unseren Hochzeitstag in New York, im Oktober 1953, werde ich mich immer erinnern.

Kurz vor der Trauung fiel mir auf, daß Jacques irgend etwas bedrückte, denn er strich seufzend umher.

«Du verheimlichst mir doch nichts?» fragte ich angstvoll.

Da schlug er die Augen nieder und gestand mir beschämt: «Didou, ich habe dich belogen!»

Schon befürchtete ich eine Katastrophe in letzter Minute und sah mein Glück dahinschwinden, als Jacques plötzlich wie ein Pennäler murmelte, den man beim Schwindeln ertappt hat: «Ich habe gelogen, als ich sagte, ich sei neununddreißig Jahre alt – ich bin aber sechsundvierzig!»

Lieber, lieber Jacques! Er hatte also geglaubt, er müsse sich jünger machen, um mich zu gewinnen!

Man hatte mir stets erzählt, der Hochzeitstag sei für ein junges Mädchen der schönste Tag seines Lebens.

Aber war ich denn jemals ein junges Mädchen?

Trotzdem war der Hochzeitstag wirklich der schönste Tag in meinem Leben. Ich fühlte mich gereinigt und erneuert.

Ich trug ein blaßblaues Kleid, was die Leute nicht wenig empörte. Aber ich hatte schon so oft von diesem Kleid geträumt! Selbst an meiner ersten heiligen Kommunion trug ich kein weißes Kleid, weil ich damals mit meinem Gauklervater von Stadt zu Stadt unterwegs war und nach den Vorstellungen sammeln mußte.

Und um diese elende, schmutzige Vergangenheit auszulöschen, wollte ich an meinem Hochzeitstag ein helles Kleid tragen. Ich glaubte, ich könnte noch einmal von vorn anfangen. Die Leute hielten mich für zynisch und falsch, während ich doch nichts als romantisch und leichtgläubig bin.

An einer Halskette trug ich das goldene, mit Rubinen besetzte Glückskreuzchen, das mir Marlene Dietrich geschenkt hatte. Sie war meine Trauzeugin.

Nervös preßte ich es mit der einen Hand und hielt mit der anderen Jacques' Hand umklammert, während ich fieberhaft betete: «Mein Gott, gib, daß es wahr sei! Laß mich glücklich werden! Laß mich nie mehr allein sein, nie mehr!»

Ja, ich war glücklich mit Jacques. Trotz allem, was mich damals heimsuchte, erfuhr ich auch das stille Glück junger Eheleute. Und Jacques war großartig!

Er versuchte mir nicht die Flügel zu stutzen, sondern begriff, daß ich nicht im Käfig leben konnte, daß ich sofort davonlief und alles zerschlug, wenn ich mich eingesperrt fühlte. Er ließ mich auf meine Art leben und denken.

Doch ich glaube, daß ich ihm oft ungewollt weh tat, wenn er auch unerschütterlich war wie ein Fels. Ich weiß nicht, ob Sie auch so sind wie ich – aber wenn mir jemand mißfällt, wenn jemand wirklich unmöglich aussieht, muß ich ihm das sagen.

Manchmal kam es vor, daß mir in feinen Restaurants oder in

modischen Bars ein Gesicht nicht behagte. Das brachte Jacques natürlich oft in peinliche Situationen, ihn, der doch so höflich ist! In solchen Fällen endeten unsere Gespräche immer auf dieselbe Art. – Ich begann plötzlich wegen eines Tischnachbarn zu sticheln: «Findest du nicht, daß dieser Kerl wie ein Verbrecher aussieht?»

«Doch», antwortete er versöhnlich, «aber bitte, sei so lieb und sag es ihm nicht!»

«Nein, ich will nicht lieb sein, sondern hinübergehen und diesem Kerl sagen, was ich von seinem Kopf halte!»

«Edith, ich bitte dich!»

«Nein, sein Gesicht gefällt mir einfach nicht!»

Und ich stand auf oder rief ihm vom Tisch aus zu: «Sie sehen abscheulich aus!» Jacques lächelte der so beschimpften Person unerschütterlich zu, entschuldigte sich und versuchte schließlich, größeres Aufsehen zu vermeiden.

Für eine Frau in meinem Alter benahm ich mich wirklich wie ein ungezogener Fratz, aber ich muß dazu sagen, daß ich nicht immer völlig normal war, besonders in den Perioden der Süchtigkeit.

Abends, wenn ich in meinem Salon mit Freunden randalierte, zog sich Jacques, ohne jemals zu protestieren oder über den Lärm auch nur verärgert zu scheinen, in einen Winkel meiner Wohnung zurück, schleppte sich ein Klavier dorthin und arbeitete, probte, sang und spielte ganz leise für sich.

Diese Haltung bedeutete keineswegs Schwäche. Im Gegenteil: außer Cerdan ist Jacques der stärkste, der gediegenste Mann, dem ich je begegnet bin.

Ohne ihn wäre ich übrigens gestorben.

Er war es, der mich zwang, auf das Rauschgift zu verzichten. Er nötigte mich, dreimal die Entziehungsanstalt aufzusuchen. Und er hätte mich auch noch ein viertes Mal hingeschickt, wenn es nötig gewesen wäre.

Dieser Mann flößte mir unbegrenztes Vertrauen ein.

Er ist der einzige Mensch, dem ich mein ganzes Leben erzählt habe, und zwar ohne etwas zu beschönigen oder zu unterschlagen.

Ihm konnte ich alles sagen: Er richtete die anderen nicht, sondern versuchte, sie zu verstehen. Und das ist eine große Seltenheit, wie ich selbst erfahren habe. Aber eines Tages wußte ich, daß mein Glück am Verlöschen war.

Ich gebe zu, daß ich immer abergläubisch war, doch die Ereignisse gaben mir meist recht. In dem Augenblick, da ich begriff, daß meine Liebe in den letzten Zügen lag, waren wir trotzdem noch so glücklich!

Aber Jacques trug an jenem Tag keinen Ehering.

Oh, er hatte ihn bestimmt nicht abgezogen wie gewisse Ehemänner, wenn sie sich mit einer anderen Frau treffen!

Trotzdem erschrak ich heftig.

Am Abend unseres Hochzeitstages hatte ich ihn nämlich um etwas gebeten und ihm sogar ein Versprechen abgenommen: «Schwöre mir, daß du deinen Ehering niemals ablegen wirst, denn das würde uns Unglück bringen.»

Und er schwor es mir.

An jenem Tage – es war zwei Jahre danach – drehte ich einen Film in Vichy. Am letzten Tag der Dreharbeiten fuhr ich zu Jacques. Er bereitete sich gerade wieder auf einen Auftritt vor, und ich sah ihm liebevoll zu, während er mich zärtlich anlächelte.

In diesem Augenblick trat die Ankleidefrau in die Loge und sagte: «Vergessen Sie nicht, Ihren Ehering abzuziehen, Monsieur Pills!»

Er gehorchte ihr sofort wie ein Mann, der an diese Geste seit langem gewöhnt ist. Also hatte er sein Versprechen nicht gehalten! Er hatte sich überreden lassen, den Ehering abzulegen, wenn er auf der Bühne sang. Ich schloß die Augen, um nicht mit ansehen zu müssen, wie sich Jacques' Züge verkrampften, und um meine Tränen zu verbergen. Aber genau in diesem Augenblick überkam mich die schreckliche Vorahnung, daß unsere Liebe ihrem Verhängnis entgegentrieb.

Und ich behielt recht.

Zwei Monate später ließen wir uns scheiden. Wieder einmal war die Liebe zweier Stars daran zerbrochen, daß sie sich nicht genügend durch das physische Beisammensein der beiden nähren konnte.

Wir fanden uns überhaupt nicht mehr; der Beruf trennte uns: Ich sang im ‹Versailles›, und Jacques trat in *‹La vie en rose›* auf. Das war sicher schon ein böses Vorzeichen.

Wenn sich zwei Eheleute nicht jeden Abend sehen, können sie ihre Liebe nicht mehr am Leben erhalten.

Für mich bedeutete Jacques' Gegenwart überdies noch eine Kraft, die ich bitter entbehrte, als er nicht mehr da war. Damals fiel ich in meine alte Schwäche zurück, in eine Art unbewußter Schlappheit; und die häßlichen Erinnerungen stiegen wieder auf wie Blasen, die an der Oberfläche eines Teiches zerplatzen. Von neuem fühlte ich mich verlassen und dachte an all meine Versager in der Liebe und an Cerdans Tod – und suchte mich zu trösten.

Als Jacques erfuhr, daß mir jemand aus meiner Umgebung den Hof machte und daß mir der Betreffende auch gefiel, sagte er derart traurig, daß ich vor Scham errötete: «Didou, laß uns lieber auseinandergehen, bevor uns die Katastrophe überwältigt.»

Er sah mich lange an, küßte mir die Hand und fügte hinzu: «Du wirst immer mit der Liebe spielen, das ist stärker als du.»

Er hatte nicht ganz unrecht. Aber dieses Spiel habe ich teuer bezahlt.

Seit unserer Trennung habe ich viel geweint. Ich litt körperlich und seelisch. Und wenn ich heute nicht Théo hätte ...

Als Jacques gegangen war, begann für mich wieder die endlose Jagd nach der Liebe. Aber es war, als hätte man mir die Augen für ein Blindekuh-Spiel verbunden: Einen Augenblick glaubte ich, jetzt hätte ich die Liebe erhascht, aber dann war sie es doch nicht. Ich riß mich los, lebte wieder auf und streckte die Arme nach einem anderen aus. Ich könnte berühmte

Namen aufzählen und andere, die unbekannt geblieben sind. Aber wozu? Es ist immer oder fast immer die gleiche Geschichte.

Aber es gab einen jungen Menschen, der mir sehr teuer war, und den ich wie Cerdan bei einem Flugzeugunglück verlieren sollte. Es ist Douglas Davis.

Er trat in mein Leben, als mir ein Mann gerade unsägliches Leid zugefügt hatte. (Ich will den Namen dessen, der mir eines Abends den grausamsten aller Schläge versetzte, nicht mehr in den Mund nehmen.)

Im Februar 1958 wurde mir auf der Bühne des ‹Waldorf Astoria› in New York übel. Die rasch herbeigerufenen Ärzte entschieden, daß ich mich am nächsten Tage einer Operation unterziehen müsse; die Sache sei sehr ernst.

Ich lag erschöpft zu Bett und fragte den Mann, mit dem ich seit einem Jahr zusammenlebte: «Sag mir, ob du mich noch liebst!»

Und er entgegnete trocken, ohne mich auch nur eines Blickes zu würdigen: «Du weißt genau, daß du für mich nicht mehr existierst. So ist eben das Leben!»

Ich war niedergeschmettert. Am nächsten Tag brachte man mich ins Presbyterian Hospital in der 168. Straße. Ich hoffte, während der Operation zu sterben.

Als ich wieder zu mir kam, war mein Impresario Louis Barrier bei mir. Ich bat ihn: «Loulou, es muß doch hier noch einen netten Mann geben, der ...»

Loulou versuchte mich zu trösten und ging. Aber kaum hatte er das Zimmer verlassen, klingelte das Telefon. Es war Loulou, der mir verkündete: «Eben ist mir der nette Mann, nach dem dich verlangt, über den Weg gelaufen. Er fährt gerade im Aufzug hinauf.»

Als er nämlich zur Pforte kam, stand da ein junger amerikanischer Maler namens Doug Davis, der ihn so schüchtern bat, mein Porträt malen zu dürfen, daß ...

Aber schon klopfte Doug an die Tür. Unter seinem treuherzigen Blick und seinem herzlichen Lächeln kehrte mir die Lebenslust wieder.

Einen Monat lang durchquerte er New York täglich in der Metro, nur um mir zwei Stunden Gesellschaft zu leisten. Ich küßte ihn zum erstenmal, als er eines Nachmittags mit fünf bunten, an ihren Schnüren wackelnden Luftballons hereinkam.

Trotz des allgemeinen Gelächters hatte er sie in die Metro hineingezwängt, um sie mir zu schenken, da ich ihm erzählt hatte, daß rote Luftballons mein Kindertraum gewesen seien und daß mein Vater mir nie welche kaufen wollte.

Damals hielt man mich für Dougs Tochter. Die Kranken, welche ein paar Tage zuvor gesehen hatten, wie man mich, ganz winzig unter den Laken versteckt, auf der Bahre in den Operationssaal rollte, glaubten, ich sei ein Kind. Und als sie Doug mit den Ballons kommen sahen, erkundigten sie sich: «*How is your little girl?*»

Wir liebten einander ein Jahr, und dann verlor ich ihn auf die dümmste Weise, die es gibt: Während meiner Sommertournee in Bordeaux bekamen wir Streit. Doug verließ wütend das Hotel. Ich lief ihm nach und suchte ihn am Bahnsteig.

Aber in dem Gedränge konnte ich ihn nicht finden, und der Zug nach Paris fuhr ab.

Gleich darauf wurde ich wieder krank. Doug war schon in New York, wo er seine Werke ausstellte.

Als er nach Paris zurückkehrte, waren wir nur noch Freunde.

Und dann klingelte am 3. Juni 1962 das Telefon. – Wieder einmal war ein Mann, den ich geliebt hatte, verunglückt:

Das Flugzeug, in dem Doug saß, war auf dem Flughafen Orly wenige Minuten nach dem Start zerschellt.

Ja, ich bin abergläubisch

Ich diktiere diese Erinnerungen zuweilen in einem Dämmerzustand, in den mich Fieber und Schmerzen tauchen. Aber mitten in Bewußtlosigkeit und Pein ist es mir, als sähe ich alles deutlicher, auch die Gesichter von einst, ja selbst den Tod, von dem ich jetzt wohl sprechen muß.

Und wann wird er kommen, mein Tod? Ich mag nicht daran denken. Wir wissen weder Tag noch Stunde, und das ist besser so. Nicht daß ich mich vor dem Tode fürchtete! Ich kenne ihn jetzt allmählich, denn wie oft schon ist er mir genaht! Das nächste Stelldichein gilt vielleicht. – Aber warum sollte ich mich vor ihm fürchten, da ich doch die sichere Gewißheit in mir trage, daß wir nachher weiterleben?

Oh, ich kenne natürlich diejenigen, welche bloß lachen, wenn ich das behaupte, oder die Mitleid mit mir haben, weil sie denken: ‹Der Armen könnte man wer weiß was einreden, wenn es sie nur tröstet!›

Aber was kann mir das schon anhaben, da ich es doch gewiß weiß? Ja, ich weiß, daß der Tod nur der Anfang von etwas anderem ist. Er gibt unserer Seele freie Bahn.

Wollen Sie einen Beweis dafür?

Sie erinnern sich gewiß noch an den Tisch, der mir wiederholt den 17. Februar ankündigte, und an das Telegramm von Marcel Cerdans Frau.

Aber Marcel begnügte sich nicht mit dem Zustandekommen dieser Begegnung: Er redete selbst mit mir.

Dabei glaubte ich damals noch nicht an die Möglichkeit eines Gesprächs mit den Toten.

Aber um mir meinen Kummer erträglicher zu machen, schlugen mir ein paar Freunde eines Tages vor: «Warum versuchst du nicht, mit Marcel selbst zu reden?»

Und sie brachten mir ein berühmtes Medium. Wir setzten uns alle um einen Tisch und legten die Hände flach darauf. Im Zimmer war es vollkommen dunkel. Man riet mir: «Konzentrieren Sie sich mit aller Kraft!» Und ich gehorchte, aber die Angst benahm mir fast den Atem.

Plötzlich hob und senkte sich der Tisch, klopfte auf den Boden und diktierte Wörter: Buchstabe für Buchstabe gewann Marcels Botschaft Gestalt, denn nur er konnte es sein, der mir mitteilte: «Ich bin nicht unglücklich.»

Das war alles für die erste Sitzung, trotzdem war ich danach ganz durcheinander vor Freude.

Bald konnte ich es nicht mehr aushalten und versuchte es noch einmal. Und Cerdan sprach wieder mit mir.

Und zwar, um das berühmte Rendezvous mit seiner Frau festzusetzen, die ich zu seinen Lebzeiten nie gesehen hatte. Er wollte, daß wir beide uns versöhnten, daß sie mir verzieh und wahrscheinlich auch, daß ich mich seines Sohnes annehmen sollte.

Seitdem habe ich oft mit Marcel gesprochen. Aber manchmal ist sein Geist abwesend, und ich bleibe stundenlang im Dunkeln sitzen, stehe Qualen aus und ängstige mich, doch er kommt nicht.

Marcel Cerdan ist nicht der einzige meiner Verstorbenen, mit dem ich nach dem Tode sprechen konnte.

Ein andermal nahm ich mit meinem Vater Verbindung auf.

Ich kannte einen Magier, einen ungewöhnlichen Menschen, der mir riet: «Sie müssen in einem verdunkelten Zimmer Kleider und verschiedene Gegenstände des Verstorbenen bereitlegen. Dann sollten Sie sich jeden Tag einige Minuten im Gebet sammeln und um sein Erscheinen bitten. Niemand außer Ihnen soll das Zimmer betreten. Eines Tages wird dann der Geist des Verstorbenen eindringen und Ihnen erscheinen.»

Jeden Abend betete ich im Dunkeln, mein Vater möge sich zeigen.

Und eines Tages antwortete er auf meinen Ruf.

Aber ich wollte es nicht noch einmal versuchen; es war allzu schmerzlich.

Ich habe noch einen anderen Grund, weshalb ich den Tod eigentlich nicht fürchte: Es war im vergangenen Februar, als ich im amerikanischen Krankenhaus lag. Meine private Krankenschwester Mamie war Zeugin dessen, was ich Ihnen jetzt erzählen will.

Ich lag schon mehrere Tage in einer Art Koma, als ich plötzlich zu mir kam, die Augen aufschlug und zu Mamie sagte: «Ich habe eben etwas Ungewöhnliches erlebt. In einer unwirklichen Landschaft sah ich Menschen, die bereits gestorben waren, und ich bin sicher, daß ich einige Sekunden lang unter ihnen weilte.»

Und Mamie antwortete: «Sie haben recht! Ihr Herz hat für den Bruchteil einer Sekunde zu schlagen aufgehört, und alle glaubten, das sei das Ende. Aber dann begann es wieder zu klopfen.»

Von meinem Chauffeur befördert, folgt mir mein rundes Klopftischchen überall hin.

Eines Tages rettete es uns das Leben, meiner Truppe und mir: Im Jahre 1956 sollten wir von Chicago nach San Francisco fliegen, aber seit einigen Tagen buchstabierte der Tisch durch heftige Klopfzeichen immer wieder dasselbe Datum, dieselbe Schreckensbotschaft: «22. Mai – Flugzeug abgestürzt – alle tot.»

Ich fragte Louis Barrier, meinen Impresario: «Sag, Loulou, fliegen wir am 22. Mai?»

Als er bejahte, ordnete ich an, daß niemand von meiner Truppe das Flugzeug vom 22. Mai nehmen dürfe.

An jenem Tage fragte ich Loulou: «Ist unser Flugzeug gut angekommen?»

Alle glaubten es, und schon betrachteten sie mich mit ironischem Lächeln, wie um mir zu sagen: ‹Sehen Sie wohl, Edith, das mit Ihrem Tischrücken ist nicht so ernst zu nehmen!› Aber als wir die Zeitung aufschlugen, wurden wir alle bleich.

Denn an jenem Morgen war das Flugzeug über der Bucht

von San Francisco abgestürzt. Es gab nicht einen Überlebenden, nur 67 Tote.

Sie werden denken: ‹Das ist Zufall, Schicksal oder sonst etwas.›

Glauben Sie, was Sie wollen! Ich bin anderer Meinung.

Ich glaube, daß mich einer meiner Verstorbenen gewarnt hat, denn *sie* wissen Bescheid. Für mich ist das jedesmal so.

Übrigens lebe ich in einer Welt voller Zeichen und Vorboten, deren Warnungen zu mißachten ich mich stets wohl gehütet habe.

Träume einer Süchtigen, einer Alkoholikerin – einer Verrückten!

Ich weiß genau, was für Kommentare mir derartige Geständnisse einbringen werden.

Und wie, wenn ich den Zweiflern und Freigeistern antwortete: «Ich bin näher am Tode als Sie und schon tiefer in die Abgründe der Leiden eingedrungen, die sich vor ihm auftun. Eines Tages werden Sie mir recht geben.»

Übrigens beschäftigt sich selbst die Wissenschaft mit dem Problem der Warnträume. Sie leugnet ihre Existenz nicht, vermag sie aber auch nicht vernünftig zu erklären.

Warum also sollte meine Erklärung nicht die richtige sein?

Jedesmal, bevor meine Liebe zu dem Mann, mit dem ich lebe, erlischt, habe ich einen Traum, und zwar immer denselben: Ich höre im Schlaf das Telefon läuten und rufe sofort: «Hallo!» Und weil es still bleibt, flehe ich: «So antworten Sie doch! Sagen Sie etwas!» Aber am anderen Ende des Drahtes meldet sich niemand. Nur ein Schluchzen ist zu hören. Darüber erwache ich immer.

Und kurze Zeit danach kommt es unfehlbar zum Bruch.

Ein andermal rettete mich ein Traum in letzter Minute.

Nach der schweren Krankheit, die mich im Juli 1961 niedergeworfen hatte, war ich kaum einige Tage aus dem amerikanischen Hospital von Neuilly entlassen worden, wo man mich operiert hatte. Diesmal sagte man mir, ich sei geheilt.

Zur Erholung hatte man mich in Loulous Landhaus bei Houdan gebracht.

In der ersten Nacht nach meiner Ankunft träumte mir von einem Krankenwagen.

Als ich erwachte, begriff kein Mensch, warum ich so rasch wie möglich ins Hospital zurückgebracht werden wollte.

Ich bat: «So beeilen Sie sich doch! Beeilen Sie sich!»

Charles Dumont und Loulou Barrier wurden eilends benachrichtigt, und als sie kamen, um zu sehen, was für Launen mich jetzt wieder angewandelt hätten, rann mir der Schweiß schon übers Gesicht; ich krümmte mich und hielt mir den Leib.

Mittags in Paris stellten die Ärzte Darmverschluß fest. Ich mußte sofort operiert werden.

Hätte ich diesen Traum nicht gehabt, und hätte ich ihm nicht vertraut – ich wäre gestorben.

Wie sollte ich nach alldem nicht an übernatürliche Kräfte glauben?

Ich erinnere mich an eine Menge von Beispielen dafür, daß sie in meinem Leben walten.

Hören Sie noch das Folgende: Es war um den 24. Juli 1951. Der Astrologe, den ich regelmäßig befrage, sagte mir für die nahe Zukunft zwei Autounfälle voraus.

Am 24. Juli kam der Citroën 15 von Charles Aznavour, mit dem ich auf Tournee fuhr, von der Fahrbahn ab und stürzte in der Kurve bei Cerisiers in die Yonne. Der Wagen hob sich buchstäblich in die Luft und zerschellte dann mit voller Geschwindigkeit an einem Telegrafenmast. Von dem Auto blieb nichts mehr übrig.

Aber Charles und ich fanden uns auf einem Felde liegend wieder, beide unverletzt.

Drei Wochen später dösten wir beide, Charles und ich, im Fond eines anderen Wagens, den der Radrennfahrer Pousse steuerte. Gegen acht Uhr morgens schleuderten wir in der Kurve bei Tarascon. Diesmal hatte ich den linken Arm gebrochen.

Auch mein dritter Unfall im September 1958, an der Stelle,

die man «A la grâce de Dieu» nennt, als ich mit Moustaki nach Paris zurückfuhr, war mir von einem Hellseher prophezeit worden.

Deshalb fand man mich in den Trümmern des Wagens mit dem goldenen Kreuz in der linken Hand, das mir Marlene Dietrich am Hochzeitstag geschenkt hatte.

Denn seit ich gewarnt worden war, trug ich das Glückskreuz stets bei mir.

Von da an wußte ich im voraus von allen Krankheiten, von allen Unglücksfällen, die mich heimsuchen sollten, von allem, was ich zwischen 1956 und 1961 erdulden mußte.

Im Juli 1959 sagte mir mein Astrologe: «Augenblicklich steht es um Ihre Gesundheit gut, aber in einigen Monaten werden Sie lange krank sein. Noch nie habe ich den Tod so nahe bei Ihnen gesehen.»

Er wiederholte diese Worte während meiner Ehe mit Théo. Freilich sagte er auch noch eine Menge anderer Dinge, die ich lieber verschweigen möchte ...

Ich kenne auch meinen Glückstag. Es ist der Donnerstag. Man wird mich nie dazu bewegen können, etwas Wichtiges an einem anderen Tag zu unternehmen.

Alle meine Verträge unterschreibe ich donnerstags; auch den Menschen, die mein Leben bestimmt haben, bin ich stets am Donnerstag begegnet.

Unsere Trauung fand an einem Donnerstag statt ...

Dagegen bringt mir ein anderer Tag Unglück: der Sonntag. Wenn sich irgendwelche Katastrophen ereignen, dann stets an diesem Tag. Auch habe ich nie eine Sekretärin engagiert, ohne sie vorher zu fragen, welchem Tierkreiszeichen sie angehöre. Statt mich nach ihren Referenzen zu erkundigen, verlange ich ihr Tierkreiszeichen. Wenn sie «Fische» sagt, engagiere ich sie sofort. Denn ich bin ein «Schütze» und weiß, daß Menschen meines Zeichens mit den «Fischen» gut auskommen.

Und weiter: Wenn ich höre, daß ein Name mit C oder M beginnt, werde ich hellhörig.

Denn schon immer haben die Menschen, deren Name oder Vorname mit C oder M anfängt, einen wichtigen Platz in meinem Leben eingenommen. Nehmen wir den Buchstaben C: Da gab es Charles Aznavour, Charles Dumont, Eddie Constantine, Claude Leveillé, Marcel Cerdan, Maurice Chevalier, der meinen Erfolg vorausgesagt hatte, und Henri Conté. Mit M begannen meine Tochter Marcelle, Paul Meurisse, Yves Montand, Félix Marten, Marguerite Monod, Michel Rivegauche und sogar Moustaki ...

Aber es gab auch all die Louis: Sie sind die Angelpunkte meines Lebens.

Mein Vater hieß Louis, ebenso der Vater meiner Tochter. Louis Leplée entdeckte mich, als ich in den Straßen sang. Und mein Impresario, der mich jedesmal vor dem Ruin bewahrt und bei mir ist, wenn ich wieder einmal einen harten Schlag einstekken muß, heißt Louis Barrier, Loulou.

Ich bin dermaßen abergläubisch, daß ich mich vor meinem Auftritt hastig einer magischen Zeremonie unterziehe.

Zuerst bekreuzige ich mich, dann küsse ich die geweihte Medaille, die ich immer bei mir trage. Ich bücke mich und berühre mit beiden Händen den Boden. Danach strecke ich den Zeigefinger und den kleinen Finger aus, um imaginäre Dämonen abzuschrecken. Hierauf berühre ich den runden Tisch, meinen Klopftisch, den ich mir immer hinter dem Vorhang an den Bühneneingang stellen lasse. Ich streichle ihn und presse ihn mit aller Kraft an mich, bis es mir weh tut. Erst dann, und nicht etwa nachdem ich alle meine Freunde abgeküßt habe, die dicht bei mir in den Kulissen stehen, wage ich ins Scheinwerferlicht zu treten.

Man hält mich für stark und zynisch, für ein Wesen, das mit den Menschen spielt und sie wegwirft, wenn sie es nicht mehr interessieren, während ich doch im Innersten trotz meines Alters so etwas wie ein armes, allzu leichtgläubiges Mädchen geblieben bin, das unermüdlich immer demselben Traum nachjagt: Glücklichsein und Geliebtwerden.

Das Leben hat es immer verstanden, mir das Wunderbare in den Schmutz zu ziehen. So war es ganz natürlich, daß ich es anderswo suchte: jenseits.

Und dort habe ich es gefunden.

Ich bin nicht das, was man eine Gläubige im strengen Sinne nennt, die sich den sittlichen Forderungen irgendeiner Religion beugt.

Aber mein Glaube an etwas Größeres, Stärkeres, Reineres als alles, was es hier auf Erden gibt, ist grenzenlos. Und ich weiß, daß es schon genügt, vom Jenseits Zeichen zu erbitten, um sie zu erhalten, ebenso Warnungen und guten Rat.

Ein einziges Mal habe ich mich geweigert, die übernatürlichen Kräfte zu beachten, auf sie zu hören, kurz – ihnen zu gehorchen, denn ich war in einen Mann verknallt.

Er war jung, begabt und witzig. Gerade zu dieser Zeit fühlte ich mich sehr sehr einsam und glaubte, in ihm den idealen Gefährten gefunden zu haben.

Zum wievielten Male!

Eines Abends fragte ich meinen Tisch, ob ich mit meinem neuen Geliebten glücklich sein würde. Er bebte, klopfte heftig, warnte mich und riet mir, ihn nie mehr wiederzusehen. Danach fragte ich meinen Astrologen, ob er irgendeine Gefahr in meinem Leben sehe. Und er antwortete mit großer Entschiedenheit: «Es gibt einen Mann in Ihrem Leben, den Sie verlassen müssen, wenn Sie nicht unglücklich werden wollen.»

Aber ich war eigensinnig und wollte es auch so machen wie die anderen, welche über meinen Aberglauben lachten. Und ich trennte mich nicht von meinem Geliebten.

Trotz seines samtenen Blicks und seines zärtlichen Lächelns war er ein herzloser, zynischer und schlechter Bursche. Er war es übrigens, der mir vor meiner Einlieferung in die Klinik, wo ich operiert werden sollte, auf meine Frage, ob er mich noch ein klein wenig liebe, erwidert hatte: «Scher dich zum Teufel! Zwischen uns beiden ist es aus!»

Aber es kam noch schlimmer: Nach der Operation, als ich entkräftet zu Bett lag, rief ich ihn jeden Tag an. Ich hörte seine spöttische Stimme im Telefon, denn er hatte mich verlassen, um sich am Strand vor Florida zu amüsieren: «Wir haben hier herrlichen Sonnenschein. Mir geht es blendend! Und tolle Puppen gibt es hier, sage ich dir! Ganz Klasse!»

Und danach wundern Sie sich noch, daß ich manchmal getrunken habe?

Das Leben hat mir nichts erspart, wenn es mir gleichzeitig auch viel gab.

Die Menschen haben häufig bloß deshalb ein gutes Gewissen, weil sie sich geborgen fühlen.

Sie versichern einem selbstgefällig: «Mir würde so etwas nie passieren! Wie kann man sich nur bis zu diesem Punkt erniedrigen und entwürdigen!»

Das ist alles schön und gut, aber ich hätte sie manchmal an meiner Stelle sehen wollen, wenn das Elend oder der Groll oder mein armer zerrütteter Körper mich peinigten, bis ich schrie und Lust bekam, jemanden umzubringen.

Vielleicht hätten auch sie dann getrunken, um zu vergessen?

Trinken ... Vergessen ...

Man trinkt immer, um irgend etwas oder irgend jemand zu vergessen, um seine Niederlagen zu vergessen, seine Schwächen, seine Leiden, seine Gemeinheiten.

Auch ich habe getrunken, um zu vergessen ... zu vergessen, daß dieser oder jener Mann mich quälte. Ich wußte, daß ich mich zerstörte, aber ich konnte einfach nicht anders.

Der Alkohol hat mich beinahe getötet. Gegen ihn führte ich den erbittertsten und längsten Kampf meines Lebens. Erbitterter noch als mein Kampf gegen die Droge, gegen Armut und Verkommenheit, gegen all meine anderen Dämonen.

Ich mache mich niemals über die menschlichen Wracks lustig, zu denen Alkoholiker werden. Ich kenne ihre Hölle.

Ein Wrack; auch ich wäre beinahe eines geworden.

Aber ich konnte mich losreißen. Ich bin ein lebender Beweis, daß man davon loskommen kann.

Wirklich getrunken habe ich zum erstenmal, als ich von dem Friedhof kam, auf dem man gerade mein kleines Mädchen in das schwarze Loch gesenkt hatte. Ich ging in eine Kneipe und trank atemlos, in einem Zug, vier unverdünnte Pastis aus einem großen Glas.

Beim letzten Schluck drehte sich alles vor meinen Augen. Ein stechender Schmerz in meinem Kopf und ich stürzte zu Boden, bewußtlos, total betrunken.

Als ich am frühen Morgen wieder zu mir kam, hatte ich erfahren, daß der Alkohol alles Leid, von dem man betroffen wird, lindert, daß er es vergessen läßt. Und sofort begann ich wieder zu trinken.

Mir schien das nicht ungewöhnlich. Dort, wo ich geboren bin, trinkt jeder. Als ich klein war, gab mir meine Großmutter jeden Morgen die Flasche mit Rotwein und etwas Wasser.

Um mir Kraft zu geben!

Kraft! Es langte gerade dazu – die Zeitungen haben oft genug darüber berichtet –, mich blind zu machen... oder wenigstens beinahe, mit sieben Jahren!

Wenn nicht das Wunder in Lourdes gewesen wäre.

Ein Wunder, von dem ich kaum zu sprechen wage, als sei es ein Sakrileg, es heraufzubeschwören.

Der Alkohol scheint auch oft ein Wunder zu sein, aber ein Wunder des Teufels.

Seitdem ich entdeckt hatte, daß Trinken vergessen läßt, war ich verloren.

Hatte ich denn nicht immer etwas zu vergessen?

Ob ich arm war oder reich.

Denn ich hörte nicht auf zu trinken, nachdem ich die Armut ablegen konnte wie ein altes Hemd! Auch wenn man reich ist, leidet man und möchte aufhören zu leiden.

Am schlimmsten habe ich sicherlich in New York gelebt.

Es ging um den jungen Mann, für den ich soviel getan hatte und den ich schon erwähnt habe, dessen Namen ich aber nicht nennen möchte, weil ich alle, die mir Übles getan haben, in der Anonymität lasse.

Er hatte mich vor kurzem nach einer schrecklich gemeinen Szene verlassen.

Wie jeden Abend sang ich in dem Cabaret ‹Le Versailles›. Hatte ich nicht auch den Mut gehabt, an dem Abend zu singen, als Cerdan verunglückt war? Warum also jetzt nicht?

Als ich fertig war, verlangte ich Champagner, sehr viel Champagner. Und ich trank mit meiner Freundin Ginette und allen, die Lust hatten.

Bald drehte es sich wieder vor meinen Augen. Ich ließ mich zu Boden fallen und kroch vierbeinig durch den Saal des Cabarets.

Ich bellte laut: «Wau! Wau!» und erklärte den Zuschauern: *«I am a dog!»*

Meine Freundin Ginette lief neben mir her und tat, als hielte sie mich an der Leine. Hin und wieder sagte sie: «Nicht beißen, du Scheusal, willst du wohl nicht beißen!»

Es war widerlich ... abscheulich!

Nur daß ich eben in diesen Augenblicken nicht litt.

Trotzdem war ich am nächsten Tag jedesmal, wenn ich so den Kopf verloren hatte, nicht nur total leergebrannt, sondern auch voller Scham. Und ich schwor mir, nie mehr zu trinken. Ich ging in eine Kirche, kniete mich vor die Heilige Jungfrau, und sagte zu ihr: «Du weißt, warum ich trinke. Du, die mein Leid kennt, bitte, hilf mir.» Und ich versprach, mindestens ein Jahr nicht mehr zu trinken!

Aber bald traf ich wieder einen anderen Mann, und alles begann von neuem.

In einem anderen Jahr hatte ich in Rio de Janeiro mit Jacques, einem Musiker, gebrochen, einem der besten Männer, dem ich je begegnet bin.

Ihm gegenüber hatte ich mich eklig benommen. Niemals hatte er protestiert, trotz des vielen Kummers, den ich ihm zufügte. Plötzlich verachtete ich mich, ihn so behandelt zu haben. Daraufhin schloß ich mich ganz allein in mein Zimmer ein, mit vielen Flaschen Bier in Reichweite, und ich trank und trank auf der Suche nach Schlaf und Leere.

Ich habe Jahre gebraucht, um zu verstehen, daß ich mich langsam, aber sicher zugrunde richtete. Anfangs war ich eher stolz darauf, soviel trinken zu können. Und ich hielt alle, die um mich herum waren, zum Trinken an. Man mußte eine Menge vertragen können, um von mir geachtet zu werden.

Eines Nachts in Lyon ging ich mit Jacques Pills nach unserer Vorstellung in eine Kneipe. Wir hatten abgemacht, nur ein Bier zu trinken.

Um acht Uhr am nächsten Morgen schnarchten der Wirt und der Kellner in sich zusammengesunken an einem Tisch, während Jacques und ich noch an der Bar hockten, Hand in Hand, beide in einem entsetzlichen Zustand.

Plötzlich warf Jacques ein paar Geldstücke auf die Theke,

um den Besitzer zu wecken, und wir beschlossen, nach Valence zu fahren, um dort zu frühstücken. Jacques setzte sich ans Steuer.

Im Hotel angekommen, bestellte er Eier und Weißwein!

Wir fühlten uns gut in Form und waren glücklich, zu leben. Ich sah Jacques an und dachte: ‹Dieser Mann ist ein Felsen. Er ist nicht tot zu kriegen. Nach so einer Nacht ist er völlig klar und ganz in Form!›

In diesem Augenblick gähnte er lange und fragte dann: «Sag mal, Didou, wer hat uns eigentlich hierhergefahren?»

Ich lachte wie verrückt. Ich fand das unwahrscheinlich komisch.

Eines Tages aber beging ich durch meine Trunksucht an meinem Publikum Verrat, obwohl ich eigentlich stets bereit gewesen bin, für es jedes Opfer zu bringen.

Das geschah auf einer Tournee 1953 im Casino von Royat.

Ich hatte den ganzen Nachmittag getrunken.

Ich trat auf, meine Zunge war schwer, der Blick leer, der Gang unsicher. Und als das Orchester zum ersten Chanson einsetzte, glaubte ich, nicht mehr heil herauszukommen. Ich hätte singen müssen: *«Marchant par-dessus les tempêtes»*, und ich sang: *«Marchi les blaches gourmettes»*. Ein Zuschauer schrie dazwischen: «Was spricht denn die für eine Sprache?» Mein Gedächtnis hatte einfach versagt.

Ein Schraubstock umspannte meinen Schädel. Mir fielen die Worte nicht mehr ein, ich erinnerte mich an nichts mehr.

In diesem Augenblick hatte das Publikum verstanden.

Die ersten Pfiffe ernüchterten mich sofort. Ich fand mein Gedächtnis und meinen Verstand wieder. Aber ich hatte Angst bekommen...

Diesmal entschloß ich mich wirklich, das Trinken endgültig aufzugeben.

Es war zu spät: ich war bereits vergiftet. Jedesmal, wenn ich mir geschworen hatte, nicht mehr zu trinken, brach ich meinen Schwur wieder.

Ich erfand die unmöglichsten Schliche, um mich, die Ärzte und meine Freunde zu hintergehen und zu trinken.

Häufig verboten mir die Ärzte jeden Tropfen Alkohol: Ich tat so, als gehorchte ich ihnen, folgte aber ihrem Rat auf meine Weise. Bei Tisch trank ich nur Mineralwasser. Aber ich stopfte mich voll mit Melonen in Portwein, Erdbeeren in Wein und Ananas in Kirsch. Ich war so durchtränkt von Alkohol, daß es mir genügte: wenn ich aufstand, schwankte ich.

Dennoch waren meine guten Freunde entschlossen, mich gegen meinen Willen zu retten. Um mich nicht in Versuchung zu führen, tranken sie bei mir nur Wasser oder Kaffee. Alle machten Jagd auf Flaschen. Man versteckte sie, man warf sie fort, und das brachte mich zur Raserei. Ich beschimpfte jeden, ich zerschlug alles. Dann beruhigte ich mich plötzlich und sagte: «Entschuldigt mich einen Augenblick, ich will mich etwas zurechtmachen.»

Ich verschwand einige Minuten in meinem Ankleidezimmer und kam dann völlig ruhig zurück. Aber meine Augen glänzten sonderbar. Abends war ich nicht mehr sicher auf den Beinen und lallte unverständliche Worte. Niemand begriff, wie ich mich in einen solchen Zustand hatte versetzen können.

Bis Hélène, meine Sekretärin, eines Tages leere Bierflaschen unter meinem Bett fand! Sie durchsuchte mein Zimmer und entdeckte die vollen Bierflaschen hinter Bergen von Medikamenten im Arzneischrank.

Ich trank, ohne daß es mir schmeckte, einfach so. Nachts stand ich heimlich auf, ohne jemanden zu wecken, ging in Pantoffeln und umgehängtem Mantel auf die Straße und suchte eine offene Bar.

In solchen Zeiten war in mir ein unwiderstehlicher Drang, mich zu zerstören. Nichts konnte mich dabei aufhalten. Diese Perioden dauerten zwei bis drei Monate. Wenn ich dann den tiefsten Punkt erreicht hatte, wenn mich schon alle verloren glaubten, fand ich plötzlich die Kraft in mir, mich wieder zu erheben.

Bald aber glitt ich erneut abwärts, bis an die Grenze des Wahnsinns.

Mein Laster, das mich aufzehrte, bereitete vielen großen Kummer. Alle, die mich liebten, wußten kein Mittel mehr, mich zu retten. Ich hörte sie zu einander flüstern: «Wenn sie so weitermacht, geht sie drauf.»

Das dauerte bis 1956. Da hatte ich einen schrecklichen Traum: Mir erschien im Schlaf meine kleine Tochter Marcelle. Sie weinte.

Erschreckt wachte ich auf. Ich sagte mir, daß sie über mich, ihre Mutter, weine. Ich habe ja schon erzählt, daß ich an Träume glaube und an ein Weiterleben nach dem Tod.

Noch am gleichen Abend brachte mich Loulou Barrier, mein Impresario, in eine Entziehungsanstalt.

Am nächsten Morgen fragte mich die Krankenschwester: «Was trinken Sie gewöhnlich?»

Ich antwortete: «Weißwein, Bier, auch Rotwein, Pastis und Whisky.»

Die Schwester schrieb alles auf eine Karteikarte. «Sehr gut», antwortete sie auf das, was ich sagte.

Der erste Tag der Entziehungskur verlief in völliger Euphorie. Alle halbe Stunde brachte man mir zu trinken; ein Glas Weißwein, dann ein Bier, Rotwein, Pastis und Whisky.

Diese Behandlung fand ich nicht sehr schmerzhaft.

Gegen Abend war ich völlig betrunken. Der erste Vermerk der diensthabenden Krankenschwester für meine Krankengeschichte lautete: «Um zwei Uhr morgens sang die Patientin aus vollem Halse: *‹Je t'appartiens et pour toujours soyons unis›*.»

Aber es war eine Methode, mich zu heilen. Nach und nach entzog man mir den Alkohol. Und da begann ich zu leiden.

Am Endc der zweiten Woche glaubte ich sterben zu müssen, wenn man mir nicht sofort ein Glas Alkohol bringen würde.

Ich brüllte ununterbrochen achtundvierzig Stunden lang. Ich

wälzte mich in meinem Bett und schlug im Delirium um mich. Um mein Bett sah ich eine unzählige Menge hämisch grinsender Zwerge in weißen Kitteln mit ungeheuren Köpfen. Direkt vor mir stand riesig groß der Chirurg.

Die Zwerge und der Chirurg fuchtelten mit ihren Fäusten vor meinem Gesicht herum. Dann schlugen sie zu. Ich schrie laut auf vor Schreck und die Erscheinung verschwand für einen Augenblick.

Danach begann der Albtraum von neuem.

Die Zwerge und der Chirurg erschienen wieder. Sie beschimpften mich, stießen Verwünschungen aus und drohten mir wieder mit ihren Fäusten. Umsonst schloß ich die Augen, sie waren immer noch zu sehen.

Dieser Zustand dauerte zwei Tage. Ich glaubte, verrückt zu werden. Die Schwestern hielten mich im Bett fest und wischten Schweiß und Tränen von meinem nassen Gesicht. Wie ein Hampelmann lag ich im Bett, von Schaudern gepackt. Schreiend verteidigte ich mich: «Hilfe! Da sind die Zwerge wieder, sie werden mich töten. Bitte, verjagt sie.» Ich bettelte um Gnade und rief um Hilfe, ich betete, der Himmel möge den bösen Traum von mir nehmen und bat den Tod, mich von der Angst zu befreien.

Plötzlich, nach zwei Tagen, verschwanden die Zwerge und der Arzt wie durch einen Zauber. Es war höchste Zeit. Ich konnte nicht mehr. Der Doktor kam und sagte zu mir: «Sie sind geheilt.»

Ich war es wirklich.

Seit diesem Tag habe ich kein einziges Glas Alkohol mehr angerührt.

Man ist nicht allein

Den wahren Grund dafür, daß ich anderen Menschen helfen muß, kennt niemand, nicht einmal die, denen ich aus dem ärgsten Schlamassel geholfen habe.

Was immer sie mir auch verdanken ... sie verdanken es sicherlich mehr einer kleinen Toten und der Großmut eines Unbekannten.

Ich wünschte, daß der Unbekannte diese Zeilen lesen und sich in ihnen wiedererkennen möge. Seine Geste hatte Folgen, von denen er bestimmt keine Ahnung hat. Ich glaube, er würde sich darüber freuen.

Ich muß sehr weit ausholen in meinem Leben. Mein müder Kopf hat die Erinnerungen nicht ordentlich mit genauen Daten aneinandergereiht, Daten, die mit dem frühesten Erlebnis beginnen und beim jüngsten aufhören.

Alles geht ineinander über und kehrt allmählich ungeordnet mehr oder weniger verschwommen ins Gedächtnis zurück.

Und wenn ich mich jetzt an die Zeit erinnere, als ich sechzehn Jahre alt war, habe ich plötzlich Lust zu weinen.

Man sollte mich wirklich nicht beneiden, sondern höchstens beklagen.

Heute kennt man mich nur als Berühmtheit und sagt sich: «Was muß die für Geld verdient haben.»

Millionen vielleicht, oder sogar Milliarden. Das ist wahr. Aber was ist schon Geld; ich habe es aus dem Fenster geschmissen.

Warum? Weil es mir Spaß machte, verschwenderisch zu sein. Und aus Rache.

Ich rächte mich dafür, daß ich als Kind auf der Straße schlafen mußte. An den Abenden meines Triumphes schüttle ich mich vor Lachen. Weil ich dann an meine Jugend denke.

Ich habe den Eindruck, ein Schicksal, das meinige, besiegt zu haben, ein Schicksal, das mich auf die unterste Stufe der sozialen Leiter in die Welt setzte, dort, wo sie noch tief im Schmutz steckt, dort, wo man die Hoffnung nicht kennt.

Aber selbst der größte Triumph kann die Erinnerung an mein entsetzlichstes Erlebnis nicht auslöschen. Die Erinnerung an eine Nacht, in der ich so arm war, daß ich mich für zehn Francs verkaufen wollte.

Ja, für ganze zehn Francs!

Ihr, die ihr immer in einem Bett geschlafen habt, das für euch im Winter in einem warmen, im Sommer in einem kühlen Haus bereitstand...

Ihr, die ihr Eltern hattet, die sich um euch kümmerten, die euch verwöhnten, sich um eure Gesundheit sorgten...

...werdet, so fürchte ich, mich nicht verstehen, sondern schockiert sein und mich noch strenger verurteilen als zuvor.

Trotzdem...

Versucht, euch in meine Lage zu versetzen. Ich war fünfzehneinhalb, als ich mich mit P'tit Louis davonmachte. Ich wollte leben.

Ich wurde Dienstmädchen. Doch ich eigne mich nicht für Hausarbeiten, ich, die Tochter eines fahrenden Künstlers. Man entließ mich, ein-, zwei-, dreimal... ich zerbrach zuviel Geschirr, ich war zu faul, zu unverschämt.

Daraufhin ging ich in eine Holzschuhfabrik, zu Taupin und Masquet. Ich verdiente zweihundert Francs pro Woche. Drei Monate lang strich ich die Holzschuhe an. Bis ich krank wurde. Man brachte mich zum Arzt. Und der verkündete mir: «Sie sind schwanger.»

Ich verlor meine Stellung, wie üblich.

Dennoch war ich glücklich über dieses Kind.

Ich entband im Tenon-Krankenhaus. Danach wohnte ich mit P'tit Louis und unserer kleinen Marcelle im ‹Hôtel de l'Avenir›, rue Orfila Nr. 105. Die Wände unseres Zimmers hatten Risse. Die Fenster gingen auf den Hof.

Vor dem Fenster hingen Windeln und Kleider auf einer Leine. Unter meinem Bett hatte ich meine Koffer, alte Papiere und schmutzige Wäsche verstaut, und den Dreck, den ich zusammenkehrte.

Aber ich sage es noch einmal: P'tit Louis und ich waren glücklich wie Kinder, ein Kind zu haben.

Nur besaßen wir leider keinen Centime. Und so verabschiedeten wir uns «auf französisch» und schlichen auf allen vieren an der Portiersloge vorbei.

Wir zogen in ein anderes Hotel in der rue Germain-Pilon. Auch hier entfloh ich eines Nachts, indem ich die Bettlaken aneinanderknüpfte und mich an ihnen aus dem Fenster hinunterließ.

So konnte es einfach nicht weitergehen.

P'tit Louis war immer noch Laufbursche. Das Kind gaben wir bei einer unserer Wirtinnen ab. Und ich ging wieder los, um auf der Straße zu singen.

Das war der Anfang eines endlosen Weges. Mir kommt es vor, als hätte ich zweieinhalb Jahre nicht aufgehört, durch Straßen zu gehen und zu betteln. Oder zu laufen, wenn die Polizei hinter mir her war.

Lange Zeit sang ich mit Zephrine und Jean auf Straßen, in Kasernen und auf den Jahrmärkten.

Wir verdienten gerade genug, um nicht vor Hunger umzukommen. Aber wir starben fast vor Angst. Einer von uns mußte immer Wache halten, denn wir wurden alle drei von der Polizei gesucht.

Zephrine und Jean, weil sie Schaufenster ausgeraubt hatten.

Ich, weil mein Vater eine Suchanzeige beim Kommissariat an der place des Fêtes aufgegeben hatte.

Bei unseren Unternehmungen entfernten wir uns häufig so weit, daß ich abends nicht nach Hause zurückkommen konnte. Dann mußte P'tit Louis die Kleine versorgen.

Eines Abends wollten wir unter einer Toreinfahrt schlafen,

wo es nach Abfall stank. Zephrine, ein abstoßend häßliches, achtzehnjähriges Zigeunermädchen, hatte Mumps. In dieser Nacht sollte ich Wache halten. Doch ich war sehr müde und sank in einer Ecke zusammen. Plötzlich leuchtete uns eine Taschenlampe ins Gesicht und eine barsche Stimme herrschte uns an: «Steht auf und kommt mit.»

Es war die Polizei. Ein Brigadier und zwei Polizisten auf Fahrrädern hatten uns überrascht.

Glücklicherweise begann der Brigadier, Zephrine Augen zu machen.

Wir mußten aus dieser Patsche heraus, koste es, was es wolle. Jean und ich schauten unsere Freundin flehend an. Aber sie liebte Jean, und Jean liebte sie. Das Opfer war schwer. Es war aber die einzige Chance, dem Gefängnis zu entgehen ... Und so verschwand Zephrine mit dem Brigadier im Dunkeln. Vorher hatte er seinen Kollegen befohlen: «Laßt die anderen abhauen.»

Mit einer solchen Jugend ist es wohl nicht möglich, ein Vorbild an Tugend zu werden.

Meine beiden Kumpane, Zephrine und Jean, haben ein wenig dazu beigetragen, daß ich meine erste Liebe und meine kleine Marcelle verlor.

Jean liebte Zephrine. Aber nach einem Streit kehrte Zephrine eines Tages nach Pantin zu ihrer Familie in die Zigeunerwagen zurück. Jean bat mich, zu Zephrine zu gehen, um sie zu veranlassen, wieder zurückzukommen und mit ihm weiter zusammenzuleben.

Kaum war ich bei den Wohnwagen angekommen, fiel auch schon die ganze Zigeunerfamilie über mich her. Es waren ungefähr fünfzehn Personen, die mich schlugen, beschimpften und bespuckten. Ich blutete, und mein ganzer Kopf tat mir weh. Ich heulte vor Wut und setzte mich zur Wehr. Schließlich gelang es mir, ihnen zu entkommen. Als ich an der Schranke, die ihr Lager abgrenzte, angelangt war, drehte ich mich um und rief: «Ich werde mich rächen. Ich komme mit meinen Kumpanen wieder.»

Ich ging zu Jean und erzählte ihm, daß ich soeben verhauen worden war. «Jean, wir müssen uns rächen», sagte ich zu ihm.

Wir gingen die Straße von Belleville wieder hinauf und sammelten in jedem Winkel, jedem Café unsere Freunde. Als wir endlich im Zigeunerlager von Pantin anlangten, zählten wir zwanzig verkommene Jungen und Mädchen. Heute würde man sagen: zwanzig Halbstarke.

Die Schlacht war grausam. Die Messerstiche und Stockhiebe, das Gebrüll und die Schreie der Verletzten dauerten ungefähr eine halbe Stunde.

Auf einmal tauchte die Polizei auf. Als wir es bemerkten, war es schon zu spät: Wir waren umzingelt.

Die lange Reihe der Verhafteten bewegte sich langsam durch das Pariser Randgebiet jener Zeit. Neben mir flüsterte Jean: «Wenn wir nicht abhauen, bekommen wir Jahre aufgebrummt. Gib mir die Hand. Im richtigen Augenblick machen wir uns dünn. Keine Angst.»

In der Ferne tauchten die Häuser von Pantin wie eine Pappmachékulisse im Nebel auf. Als wir bei einem Graben ankamen, zog mich Jean plötzlich aus der Reihe.

Ein großer Sprung, und wir rasten verzweifelt durch das Gras, über Steine und Schutt. Dornenkratzer auf meinen nackten Beinen. Wutschreie, Befehle weit hinter uns, Revolverschüsse und Kugeln, die durch die Luft pfiffen. Es war wirklich wie im Kino.

Jean zog mich den Abhang hinauf. Ich stöhnte: «Ich kann nicht mehr. Rette dich. Laß mich hier.»

Aber unerbittlich zog er mich weiter. Schließlich erreichten wir Pantin. Wir versteckten uns im Nebenraum eines Cafés. Ich machte Jean den Vorschlag: «Komm. Wir gehen zu P'tit Louis.»

Die Nacht war schon hereingebrochen. Es goß.

Wir rannten an den Mauern entlang, die Haare klebten an unseren Stirnen, unsere Kleider waren durchnäßt, und wir schlotterten vor Kälte.

Eine Tür quietschte, ein dunkler und schmutziger Raum, und meine Stimme, die Jean zuflüsterte: «Komm hier herein.»

Plötzlich erschien Madame Georgette, mit zottigen grauen Haaren und einem schwarzen Schal über den Schultern, die Petroleumlampe in der Hand.

Sie war die Adoptivmutter von P'tit Louis. Madame Georgette haßte mich, aber P'tit Louis liebte diese Frau. Sie lehnte sich gegen den Türrahmen und schwankte hin und her. Von Zeit zu Zeit stieß sie auf. Sie war einfach total betrunken.

Schimpfend wankte sie auf mich zu.

In ihrer Faust hielt sie einen Schürhaken. In dem Augenblick aber, als sie auf mich einschlagen wollte, verlor sie das Gleichgewicht und stürzte zu Boden.

Dort blieb sie der Länge nach ausgestreckt unbeweglich liegen. Sie hatte sich die Stirn an einem herumstehenden Eimer angeschlagen und nun floß Blut über ihr Gesicht. Sie röchelte. Entsetzt preßte ich mich an Jean. Ich wagte nicht, mich zu rühren, noch sie anzusehen oder ihr zu Hilfe zu eilen.

In diesem Augenblick kam P'tit Louis nach Hause. Er betrachtete den Körper von Madame Georgette, dann schaute er zu uns herüber und sagte: «Hinaus.»

Er wollte mich nicht mehr sehen, denn er glaubte, daß ich sie geschlagen hätte.

Nur ein einziges Mal ist er noch in mein Leben getreten, um mir das Schrecklichste zu sagen, was ein normaler Mensch vernehmen kann.

Es war nicht sehr lange nach unserem Bruch.

Ich arbeitete in einem Tanzlokal, einem *bal musette*, ‹Le Tourbillon›, bei der place Pigalle. Ich tat dort von allem etwas: Ich sang, wusch die Gläser und fegte den Saal. Eines Nachts sagte man mir, P'tit Louis sei da. Er war bleich, und murmelte: «Marcelle ist schwer krank. Meningitis ... sie ist im Kinderkrankenhaus ... sie ist verloren.»

Damals war eine Gehirnhautentzündung noch etwas Unverzeihliches. Man machte dem Kranken eine Lumbalpunktion und wartete dann neun Tage. Überstand er diese Frist, war er gerettet. Wenn nicht...

Acht Tage lang glaubte ich an ein Wunder. Von einer dunklen Ahnung befallen, ging ich am Morgen des neunten Tages, fast noch mitten in der Nacht, zu Fuß, denn ich hatte keinen Sou in der Tasche, von meinem Hotel in Belleville zum Krankenhaus. Ich gelangte bis zum Bett von Marcelle. Eine alte Krankenschwester, die mir freundlich gesinnt war, empfing mich mit den Worten: «Sie ist wieder bei Bewußtsein, das Fieber ist gefallen. Ich glaube, sie kommt durch.»

Ich trat auf meine kleine Tochter zu. Marcelle hatte ihre blauen Augen weit geöffnet und zum erstenmal seit ihrer Krankheit erkannte sie mich. Sie rief mich und sagte: «Mama, komm zu mir, bleib bei mir.»

Weinend bedeckte ich sie mit Küssen. Gegen fünf Uhr in der Frühe mußte ich sie verlassen.

Mittags kam ich mit P'tit Louis wieder. Ich war glücklich, denn ich glaubte, der Albtraum sei vorbei.

Marcelle war tot...

Weder P'tit Louis noch ich hatten Geld, ihr einen Kranz zu kaufen. Wir trennten uns ohne ein Wort. Ich kehrte zur place Pigalle zurück.

Ich war vernichtet. In diesem Augenblick kam eine Animierdame des Nachtlokals auf mich zu und sagte: «Zerbrich dir nicht den Kopf. Wir werden sammeln. Du wirst sehen, wir kriegen schon das nötige Geld zusammen.»

Ich hatte einfach nichts, um die Beerdigung meines Kindes zu bezahlen.

Aber als alle guten Freunde und Freundinnen, die ja genauso arm waren wie ich, gegeben hatten, was sie geben konnten, fehlten mir immer noch zehn Francs.

Es war vier Uhr morgens. In meinem viel zu langen Mantel mit den geflickten Ärmeln ging ich hinaus in die Nacht.

Ich dachte an Marcelle, an mein Unglück, an die zehn Francs, die mir noch fehlten. Langsam schleppte ich mich dahin.

Plötzlich fragte mich eine Stimme hinter mir: «Na, wieviel macht's bei dir, Spatz?»

Ein großer Kerl mit einem spöttischen Lächeln um die Lippen belästigte mich. Er hielt mich für ein Straßenmädchen.

Sonst hätte ich ihn geohrfeigt und beschimpft. Aber in dieser Nacht, in der ich so völlig verzweifelt war, und schon entsetzt von dem, worauf ich mich einlassen würde, antwortete ich dem Unbekannten: «Zehn Francs.»

Er nahm mich beim Arm und führte mich schnell in ein winziges Hotel. Hinter einem unerschütterlichen Nachtportier, mit dem Atem des Unbekannten im Nacken, stieg ich die Treppe hinauf. Ich sagte mir: ‹Unmöglich, das kannst du einfach nicht tun.›

Im Zimmer angelangt, stellte sich der große Kerl vor mich hin und sagte lächelnd: «Hier, deine zehn Francs im voraus.»

Er legte das Geld auf den Tisch. Und schaute mich an. Seine Hände lagen auf meinen Schultern. Und in diesem Augenblick begriff ich, daß ich mich nie mit diesem Mann einlassen könnte, ohne für immer die Achtung vor mir selbst zu verlieren.

Der Unbekannte starrte mich mit kalten Augen an und sagte: «Also, worauf wartest du noch?»

Ich brach in Schluchzen aus und erzählte ihm meine beklagenswerte Geschichte: von dem Tod meines Kindes, dem Geld für die Beerdigung, den zehn Francs, die mir fehlten ...

Ich sah, daß er Mitleid hatte und mich gehen lassen würde, ohne sein Recht zu fordern.

Er zuckte die Achseln und stieß zwischen den Lippen hervor: «Geh nur, Spatz! Das Leben ist oft nicht lustig, was?»

Im Gedenken an diesen Unbekannten habe ich immer, wenn ich konnte, anderen aus der «Patsche» geholfen, ohne etwas dafür zu verlangen.

Wenn mich dieser Mann wie eine Dirne behandelt hätte ... vielleicht wäre ich dann nie mehr zu einer großzügigen Geste fähig gewesen, zu einer jener Gesten, die häufig im letzten Augenblick den Leib oder die Seele retten.

Heute noch bin ich ihm dafür dankbar, daß er mir dabei geholfen hat, großzügig zu werden.

Denn nichts hat mir je eine reinere Freude verschafft, als geben zu können, ohne etwas dafür zurückzuerwarten.

Geld ... Viel Geld ...

Die ganze Zeit rede ich von der Liebe, von Männern, mit denen ich lebte, die ich verließ oder die mich verließen.

Als ob allein mein Gefühlsleben die anderen berühren könnte.

Aber für mich hat es im Leben stets nur zwei wahre Dinge gegeben: die Liebe und meine Chansons. Und auch meine Chansons sind ein Teil der Liebe für mich.

Für die anderen sind sie das Geld, das sie mir eingebracht haben.

Ich weiß, man sagt: «Die Piaf, was muß die für ein Geld verdient haben. Die muß auf einem schönen Batzen sitzen und braucht sich um ihre alten Tage keine Sorgen zu machen!»

Das wird wohl so sein, einverstanden.

Ich habe tatsächlich ein Vermögen verdient – wie gesagt, Millionen, vielleicht sogar eine Milliarde.

Ich habe sagenhafte Gagen bekommen.

Allein meine Platten bringen mir mehr als 30 Millionen alte Francs pro Jahr ein. In New York war ich eine Million pro Abend wert!

Ja, eigentlich müßte ich so vermögend sein wie Fernandel oder Maurice Chevalier ...

Aber es ist fast unglaublich: nahezu nichts ist mehr übrig, gerade noch genug für einige Monate. Und wenn ich einmal nicht mehr singen könnte, fiele es mir schwer, ein angemessenes Leben zu führen.

Jedoch habe ich nicht das Recht, mich zu beklagen.

Daß ich mein ganzes Vermögen vertat, ist allein meine Schuld.

Denn ich habe nun einmal die Manie, irrsinnig viel auszugeben.

Sehr stolz bin ich auf dieses Bekenntnis nicht. Wieviel Gutes hätte ich nicht mit dem häufig vergeudeten Geld tun können!

So kaufte ich mir einmal sehr schönen Schmuck, um einem Mann zu gefallen, von dem ich wußte, daß er eitel war. Sicher wurde ich dadurch nicht schöner, aber die Juwelen betörten ihn. Und das war alles, was ich wollte.

Das hat ihn jedoch nicht gehindert, mich zu verlassen. Mich sitzenzulassen, wäre eigentlich der richtigere Ausdruck, und zwar unter sehr häßlichen Umständen.

Ich war angeekelt. Und wissen Sie, was ich da tat?

Ich nahm mein Halsband, meine beiden Ringe, einen Armreif und einen Clip und warf alles in ein WC. Aus Wut.

Ein Vermögen verschwand auf diese Weise im Gully.

Sicher ist es schwer, diese Dummheit zu übertreffen. Ich hätte Schläge verdient. Das ist wahr. Aber wenn ich wütend bin, habe ich mich nicht mehr in der Gewalt.

Natürlich habe ich auch bei den großen Modeschöpfern hübsche Summen gelassen. Man ist nun mal der Meinung, daß ein Kleid von Dior oder Balmain die Mängel der Natur verbirgt.

Wenn ich einem der großen Modehäuser einen Besuch abstattete, war ich die langersehnte Beute der Verkäuferinnen. Sie kamen auf mich zu und sagten stets zu mir: «Dieser Stoff, Madame, steht Ihnen ausgezeichnet.» Oder: «In dieser Farbe sehen Sie entzückend aus.» Und jedesmal antwortete ich: «Das nehme ich.»

In weniger als einer Stunde hatte ich dann drei oder vier Millionen alte Francs ausgegeben.

Dennoch zog ich diese Kleider nie an! Außerhalb des Modehauses verloren sie ihre magische Wirkung. Und ich schlüpfte wieder in meine einfach geschnittenen schwarzen Kleidchen.

Und dann diese dumme Geschichte mit meiner Villa in Boulogne-sur-Seine. Ich hatte siebzehn Millionen für sie bezahlt und eine Unsumme ausgegeben, um sie von dem besten Pariser Innenarchitekten ausstatten zu lassen. Ich hatte einen herrlichen Salon und ein traumhaftes Schlafzimmer in blauem Satin.

Aber in diesem Schlafzimmer habe ich niemals geschlafen ...

Für mich war es zu groß, zu schön, zu reich. Ich war so etwas nicht gewohnt, und ich fühlte mich dort nicht wohl. Ich zog es vor, in der Conciergeloge zu schlafen!

Das Zimmer war schlecht gestrichen und kaum möbliert. Aber hier fühlte ich mich geborgen. Und es machte mir Spaß, den Türöffner zu bedienen.

Schließlich habe ich meine Villa drei Jahre später wieder verkauft. Mit Verlust natürlich. Ich bekam nur zehn Millionen.

Es ist eben immer wieder dasselbe mit mir. Die Leute denken: «Edith Piaf, die hat Geld. Da kann man sich ranhalten.» Und ich, naiv und blöde wie ich bin, kaufe immer in dem Glauben, ein großes Geschäft gemacht zu haben. Verkaufen tue ich dann zu jedem beliebigen Preis.

Vor einigen Jahren sagte ich mir: «Jetzt werde ich Viehzucht betreiben.» Das war damals gerade Mode. Alle Künstler stürzten sich auf die Viehzucht.

Bei diesem Unternehmen habe ich beinahe alles verloren. Für fünfzehn Millionen erstand ich in Haillier bei Dreux einen Bauernhof. Innerhalb von vier Jahren belief sich die Ernte auf zwei Kilo grüne Bohnen, ein Pfund Erdbeeren und einige Tomaten. Unsere Viehzucht bestand aus zwei Hühnern, einem Kaninchen ... und sämtlichen Katzen der Umgebung.

Die Zentralheizung kostete mich mehr als eineinhalb Millionen. Aber sie hat nie funktioniert. Jedesmal, wenn ich ein Bad nehmen wollte, mußte meine Köchin Suzanne riesige Kübel Wasser auf dem Herd heiß machen. Das Haus war so kalt, daß ich im Winter nie dorthin fuhr.

Als ich damals schwer krank war und keinen Sou mehr besaß, um Krankenhaus und Ärzte zu bezahlen, habe ich den ganzen Besitz für ein Spottgeld verkauft.

Das Übel ist eben, daß ich niemals daran denke, was all diese Sachen kosten!

Auf Tournee in New York krank werden . . .

Eines Tages wurde ich in Stockholm krank. Mir war schlecht und schwindlig zumute; in panischer Angst, fern von Paris zu sterben, mietete ich eine DC 4-Maschine ganz für mich allein. Es war ein Riesenflugzeug für 45 Personen! Eine Wahnsinnsidee natürlich, die mich die kleine Summe von zweieinhalb Millionen kostete.

Es war immer das gleiche. Louis Barrier (der treue Loulou), mein Impresario, raufte sich die Haare, als er mein Bankkonto sah, das ständig weiter abnahm.

Aber ich zuckte die Achseln und sagte: «Reg dich nicht auf! Es geschehen auch noch Zeichen und Wunder.»

Und wirklich, ich verdiente das Geld einfach zu leicht.

Als ich 1957 in New York aus der Klinik kam, waren meine Musiker in sehr düsterer Verfassung. Loulou verkündete mir eine betrübliche Neuigkeit: die drei Millionen für die Klinikrechnung hatten zur Folge, daß wir alle auf dem trocknen saßen. Die Musiker lebten von Konserven und verdienten ihr Geld in einem Bumslokal.

Niemand hatte genug Geld für die Rückfahrt!

Das warf mich fast um. Doch ich brauchte nur an zwei Abenden aufzutreten, und wir hatten alle wieder Wind in den Segeln.

In Paris angekommen, ließ sich Loulou in einen Sessel fallen und sagte: «Das kann so nicht länger weitergehen, Edith, wir müssen anfangen zu sparen.»

Ich lachte ihn aus: «Sparen? Vielleicht ein Sparschwein? Heute abend laden wir alle Musiker ein und machen ein Saufgelage.»

Ich hatte von der während meiner Abwesenheit eingelaufenen Post gerade den ersten Brief geöffnet. Es war ein Brief von meiner Schallplattenfirma. Er enthielt einen Scheck über zehn Millionen.

Loulou sank in sich zusammen und betrachtete mich, ohne ein Wort zu sagen.

Armer Loulou!

Mein Schatzmeister und Mentor zu sein, war bestimmt nicht leicht.

Ruiniert haben mich aber nicht allein meine Kapricen.

Auch für meine Freunde habe ich oft genug mein Geld hinausgeworfen, und ich bedauere es nicht.

In meiner Villa in Boulogne-sur-Seine hielt ich gleichzeitig acht Menschen aus.

Meine Freunde schliefen auf Feldbetten, Luftmatratzen, auf dem Sofa und in zusammengerückten Sesseln. Mein Salon sah aus wie ein Schlafsaal. Hier fand sich alles: Komponisten, Kabarettisten und Chansonniers. Wir arbeiteten, schwatzten und machten Blödsinn bis zum frühen Morgen, dann gingen wir schlafen.

Ja, ich hatte stets Freude daran, großzügig gegenüber meinen Freunden zu sein. Zu wem sollte man es denn sonst sein? Es wird einem so warm ums Herz, wenn man anderen Freude macht. Wie soll ich all meine großen und kleinen Geschenke noch aufzählen können? Ich glaube, ich habe selbst Autos so mir nichts dir nichts verschenkt. An nette Jungen, einfach weil sie sympathisch und lieb zu mir waren. Und weil ich es gern sehe, wenn die Augen der anderen vor Freude zu blitzen anfangen.

Mir selbst hat es im Leben soviel an Glück gefehlt, daß ich einfach das Bedürfnis verspüre, den Weihnachtsmann zu spielen.

Aber ist mir meine Großzügigkeit je vergolten worden? Wenn ich ehrlich sein soll, nein. Das ist jedoch unvermeidbar. Und ich nehme es niemandem übel.

Jedenfalls gibt es einen Freund, bei dem mich meine Hilfe nicht gereut hat.

Sie kennen ihn alle, denn er gehört zu den größten lebenden Komponisten der Unterhaltungsmusik: Charles Aznavour.

Wir haben uns am Fenster kennengelernt. Er wohnte mir gegenüber. Er sang und begleitete sich dabei am Klavier. Seine Musik war sehr schön. Ich beugte mich aus dem Fenster. Wir schwatzten ein bißchen, und als ich erfuhr, daß er keinen Centime besaß, sagte ich zu ihm: «Komm und wohn bei mir.»

Als ich merkte, daß er unter seiner häßlichen Nase sehr litt, lachte ich: «Mach dir nichts draus, alter Junge, wir werden dir eine andere kaufen.»

Er hat das nicht vergessen.

An jenem Abend, an dem er berühmt wurde, hat er sich, während die Zuschauer ihn noch begeistert feierten, in seine Garderobe eingeschlossen und mir geschrieben: «Edith, endlich habe ich's geschafft. Aber du sollst wissen, daß ich jedes Bravo Dir verdanke; diesen Erfolg schenke ich Dir.»

Charles' Brief habe ich aufgehoben. Der gute Charles, er war so glücklich, als er mich das erste Mal zum Essen einladen konnte.

Zu jener Zeit feierte er Triumphe in der ‹Alhambra›. Wir gingen gemeinsam mit Freunden zum Essen. Während wir noch speisten, bezahlte er heimlich die Rechnung. Dann gestand er mir: «Jahrelang habe ich auf diese Gelegenheit gewartet. Als ich noch in Not war, sagte ich mir immer: ‹Später, da werde ich es sein, der Edith einlädt›.»

Heute ist er reicher als ich...

Wenn mir auch das Geld oft zwischen den Händen zerrann, so habe ich es doch nicht immer einfach zum Fenster hinausgeworfen.

Ich glaube, ich habe genügend schlimme Dinge von mir erzählt, um mir folgende kleine Eitelkeit gestatten zu dürfen.

Es war vor einigen Jahren, als ich im Varieté-Theater ‹A.B.C.› sang.

Eines Abends ging ich in eine Bar, ein paar Schritte nur vom Theater entfernt, um einen Kaffee zu trinken. Ich lehnte an der Theke, als ich auf der Straße eine kurzhalsige Frau in einem Regenmantel bemerkte. Sie trug ein Paket unter dem Arm. Ihre flüchtige Erscheinung hätte mich sicherlich nicht weiter beschäftigt, wenn ich nicht die Augen der Frau gesehen hätte. Ein gehetzter, verzweifelter Blick.

Ich rührte mich nicht vom Fleck, dennoch fragte ich mich, was sie derartig bedrücken könne. Auf einmal kam sie wieder am Café vorbei.

Sie entfernte sich mit schnellen Schritten. Man hätte meinen können, daß sie vor etwas davonlief. Diesmal hielt sie nichts mehr in den Armen.

Ich ging hinaus und rannte die dunkle Gasse entlang, die ich mit den Augen absuchte.

Plötzlich entdeckte ich das Paket in der Ecke einer Toreinfahrt. Es war ein kleiner, mit einem Lumpen bedeckter Obstkorb. Ein Säugling lag darin und schlief wie ein kleiner Engel.

Ich machte auf dem Absatz kehrt und rannte wie eine Verrückte davon. Der Zufall wollte, daß ich der Unglücklichen wieder begegnete.

Ich packte sie beim Arm und befahl ihr: «Holen Sie ihn sich wieder. Sie müßten sich schämen, so etwas getan zu haben.»

Ich schimpfte mit ihr; sie begann zu weinen und zu betteln: «Holen Sie nicht die Polizei... Holen Sie sie nicht, ich flehe Sie an...» sagte sie immer wieder.

Ich brachte sie in die Gasse zurück, gab ihr das Kind und fragte sie nach ihrer Geschichte.

Diese war natürlich banal. Sie war verführt worden und hatte das Kind bekommen. Der Mann hatte sie verlassen, und ihre Familie hatte sie ohne einen Pfennig Geld vor die Tür gesetzt.

Mir kamen die Tränen. Sie war so jung, noch nicht einmal neunzehn. Sie war sehr zart und klein. «Warten Sie hier auf mich», sagte ich zu ihr. Ich stieg in meine Garderobe hinauf und füllte einen Scheck aus. Rasch kam ich zurück und gab ihr den Scheck mit den Worten: «Seien Sie niemals wieder verzweifelt. Sollte Ihnen eines Tages je etwas fehlen, so läuten Sie bei mir. Ich werde öffnen und mein Haus wird das Ihre sein.»

Sie betrachtete den Scheck und sah, daß er auf eine Million ausgestellt war!

Ich hörte sie noch sagen: «O Madame! Madame...» Dann rannte sie fort.

Drei Jahre später hat sie mir geschrieben. Sie hatte geheiratet. Ihre kleine Tochter hieß Edith. In dem Umschlag steckte ein Medaillon, auf dessen Rückseite ein einziges Wort eingraviert war:

Merci. Dieses Medaillon besitze ich heute noch.

Einmal jedoch bin ich in meinem Leben geizig gewesen. Aber ich bin derart bestraft worden, daß dies sicherlich meine unsinnige Verschwendungssucht erklärt.

Es war in der Zeit der deutschen Besetzung. Ich hatte enorme Schulden. Aber ich ließ mir keine grauen Haare darüber wachsen. Der Vertrag für ein neues Engagement würde mich völlig von allen Sorgen befreien. Leider schlossen die Deutschen jedoch das Cabaret an dem Abend, als ich dort mein Debüt geben sollte. In panischer Angst fragte ich mich, woher ich die riesige fehlende Summe nehmen sollte. Da erinnerte ich mich an einen alten Bewunderer, der einmal zu mir gesagt hatte: «Wenn Sie eines Tages irgend etwas benötigen sollten, können Sie sich immer an mich wenden.»

Ich ging zu ihm und erzählte ihm meine Geschichte. Am nächsten Tag lud er mich zum Essen ein und gab mir das fehlende Geld.

Später konnte ich wieder singen und meinem Wohltäter das Geld zurückerstatten. Dann kam der Friede und ich verdiente wieder viel Geld. Zum erstenmal in meinem Leben kaufte ich mir einige Goldbarren, die ich die ganze Nacht bewunderte und unter meinen Armen versteckte.

Eines Tages rief mich der Mann, der mich während des Krieges gerettet hatte, an: «Edith, ich starte ein Riesenunternehmen, aber mir fehlt noch etwas Geld. Können Sie mir diesmal aushelfen?»

Ich wußte, daß er mir das Geld, sobald es ihm möglich war, zurückgeben würde. Um die Sache in Ordnung zu bringen, hätte ich einzig und allein mein Gold verkaufen müssen. Aber diese Teufelsbarren faszinierten mich. Und obwohl ich wußte, wie niederträchtig das von mir war, antwortete ich meinem

Retter: «Leider nein. Ich kann nicht.» Und damit hängte ich auf.

Seitdem glaube ich an die ewige Gerechtigkeit. Denn das dämliche Gold schwand mir unter den Händen. Und es besteht keine Hoffnung, daß es je zurückkommt.

Vierzehn Tage später nämlich machte sich der Mann, mit dem ich damals lebte, heimlich aus dem Staub. Er nahm mir nicht nur meine Illusionen, sondern auch die abscheulichen Goldbarren.

Diesen Diebstahl habe ich nicht angezeigt. Ich dachte, Gott wolle mich dafür bestrafen, daß ich einmal, ein einziges Mal in meinem Leben gesündigt hatte gegen die schönste aller menschlichen Tugenden:

die Großzügigkeit.

Ein Leben fürs Chanson

Meine Chansons!

Wie soll ich über meine Chansons sprechen? Wenn ich auch die Männer sehr geliebt habe... sie blieben doch immer «die anderen».

Dagegen meine Chansons, das bin ich, das ist mein Fleisch, mein Blut, mein Kopf, mein Herz, meine Seele. Ja, wie soll ich von ihnen sprechen?

Ich glaube, ich kann das nur durch andere Menschen tun.

Durch jene Menschen, die ich zu großen, vom Publikum angebeteten Chansonniers gemacht habe.

Durch jene Talente, die ich an Unbekannten entdeckte, und für die ich mich dann aus einer unwiderstehlichen Kraft heraus verpflichtet fühlte, ihnen auf dem Weg des Ruhms voranzuhelfen.

Und bei dieser Gelegenheit werde ich auch über Freundschaft sprechen.

Ich weiß, man sagt nur reichen Menschen etwas nach. So hat man mir zum Beispiel viele Liebhaber nachgesagt. Mir scheint, ich habe ein genügend schamloses Bekenntnis abgelegt, daß man mir glauben wird, wenn ich sage: «Der, nein, der war nicht mein Geliebter. Aber es ist wahr, ich habe alles getan, um ihn nach oben zu bringen!»

Warum? Einfach, weil er Talent besaß.

Ich habe wirklich Berge versetzen wollen. Und ich habe mich sogar kompromittiert für die, denen ich den Weg ebnen wollte.

Aber ich bin froh, diese Risiken für meine Freunde auf mich genommen zu haben: Wenn ich vor ihnen sterben sollte, und ihre Namen noch von den Plakaten schreien... wird es ein wenig so sein, als stünde dort mein eigener Name.

Da ich bisher ein so unstetes Liebesleben geführt habe, bin ich vom Geschwätz der Leute nicht verschont geblieben.

Ich bin zwar nicht gerade schön, dennoch konnte ich nie an der Seite eines Mannes erscheinen, ohne daß alle Welt annahm, wir hätten ein Verhältnis.

Als wenn es nichts anderes zwischen Mann und Frau geben würde.

Von mir aus! Aber es wäre schön, wenn man auf die Liste derer, die ich liebte, die Namen all jener hinzusetzen würde, die ich aus großer Freundschaft unterstützt habe.

Und das sind sie: Yves Montand, Charles Aznavour, Eddie Constantine, Félix Marten, Charles Dumont...

Der letzte ist mein Mann Théo.

Aber das ist eine andere Geschichte, die ich mir für das Ende vorbehalte.

Ach, ich vergaß: «*Les compagnons de la chanson*». Dennoch möchte ich nicht, daß man mir gleich sieben Liebhaber auf einmal nachsagt.

Natürlich möchte ich über Yves Montand am längsten erzählen.

Ich denke, daß meine bisherige Ehrlichkeit dafür garantiert, daß ich auch im folgenden die Wahrheit sage.

Ich gebe den Dingen immer gern ihr wahres Antlitz wieder.

Was also hat sich zwischen Yves und mir zugetragen?

Nun ja, am Anfang konnte ich ihn einfach nicht ausstehen.

Er war für mich einer dieser vielen kleinen Künstler ohne Zukunft, die im Paris von 1944 auftauchten. Er sang Cowboylieder und imitierte Charles Trenet. Ich fand, daß er wie ein Angeber aussah.

Seine Selbstgefälligkeit reizte mich, und ich pflegte über ihn zu sagen: «Ich weiß einfach nicht, was ihr an ihm findet. Er singt schlecht, er tanzt schlecht, er hat keinen Rhythmus. Dieser Kerl ist eine Null.»

Aber eines Tages war in der ersten Hälfte meines Programms, mit dem ich damals auftrat, eine Lücke. Ich ließ mich von den Leuten, die ihn mir inständig empfohlen hatten, bereden: «Sie werden sehen, er hat enorme Qualitäten.»

Halb überzeugt hörte ich ihn mir schließlich an. Ich hatte ihm vorher nichts gesagt. Aber ich fühlte sofort, was wirklich aus ihm werden konnte. Daher ging ich nach seinem Vortrag zu ihm in seine Garderobe und bat ihn um Verzeihung.

«Hören Sie mir gut zu», sagte ich zu ihm. «Ich gebe es immer zu, wenn ich unrecht habe. Und ich hatte unrecht, Sie herunterzumachen. Wenn Sie arbeiten, wenn Sie meinen Rat befolgen, wenn Sie bereit sind, mir blind zu gehorchen, wenn Sie das Genre wechseln und aufhören, vom Wilden Westen zu singen, werden Sie innerhalb eines Jahres die große Entdeckung der Nachkriegszeit sein. Das verspreche ich Ihnen.»

Das Wichtigste, was Yves mir verdankt, ist, daß ich ihn veranlaßt habe, sein Repertoire zu ändern. Die jungen Leute sind sich alle gleich; wenn sie anfangen, spielen sie den Witzbold oder singen unverschämte Lieder, um ihre Mitmenschen zu verblüffen. Ich sage ihnen immer: «Ihr verblüfft keinen einzigen. Es gibt nur etwas, das schön ist auf der Welt: das sind die Chansons über die Liebe!»

Damals schien Yves Montand von meinem Angebot nicht sehr begeistert. Natürlich nahm er es an, weil er nicht anders konnte, aber seine Freude war nicht überwältigend.

Denn auch er hatte meine Art zu singen nicht sehr gern. Sie wirkte auf realistische Künstler lächerlich.

Dennoch war er es, der am nächsten Abend in meine Garderobe kam, nachdem er meine neuen Chansons gehört hatte, und er versprach mir: «Ich werde Ihnen gehorchen, Edith Piaf.»

Ich verstand, daß auch er mir heimlich zugehört hatte und daß er bewegt war.

Die folgende Zeit war zuweilen hochdramatisch. Yves hatte es bereits zu einer gewissen Bekanntheit gebracht und als er so plötzlich sein Genre wechselte, enttäuschte er einen Teil seiner Zuhörer. Man erkannte ihn nicht wieder.

Auf einer Tournee kreuz und quer durch ganz Frankreich

wurde er ausgepfiffen. Seine ehemaligen Anhänger tobten. Sie wollten seine Cowboylieder hören.

Äußerlich kühl, aber in Wirklichkeit tief verletzt, warf er einen Blick in die Kulissen, hinter denen ich stand. Als der Vorhang ihn endlich erlöste, sagte er sarkastisch: «Bist du nun zufrieden, Didou? Du hast gewonnen, nicht?» Doch er fügte sogleich hinzu: «Das macht nichts. Ich fühle, daß du recht hast.»

Nach und nach entstand eine eigenartige Beziehung zwischen uns. Wie ein kleiner Junge auf seine Lehrerin eifersüchtig ist, so wurde Yves eifersüchtig, schrecklich eifersüchtig auf mich, wenn ich mich nicht ausschließlich mit ihm beschäftigte.

Ich konnte nichts mehr unternehmen. Er überwachte mich ununterbrochen und wurde wild vor Wut, wenn mir ein Mann zu nahe kam. Dann machte er sich über ihn lustig.

«Siehst du denn nicht», sagte er, «wie erbärmlich der ist? Du vertust nur wieder deine Zeit. Der wird eine Enttäuschung mehr für dich.»

Ich fand das übertrieben und antwortete: «Sag mal, ist das eigentlich *mein* Leben, oder nicht? Ich tue, was ich will. Kümmere ich mich etwa um deins?»

Aber allmählich amüsierte es mich dennoch, wie dieser mächtige Kerl über mich wie ein treuer, wenn auch über mein Verhalten schockierter Cerberus wachte. Ich simulierte einen Anruf und beobachtete sein Gesicht. Oder ich tat so, als versteckte ich Briefe, damit er aufmerksam würde und es sähe. Ich kam eigens zu spät, wenn er mich im Salon erwartete...

Zugegeben, das war nicht sehr nett von mir.

Aber jeder weiß schon längst, daß ich kein Engel bin.

Da er all meine Schikanen geduldig ertrug, gestaltete ich das Spiel etwas pikanter. Ich erzählte ihm mein Leben.

Zu jener Zeit machten mir zwei sehr hübsche Burschen den Hof... ich wußte nicht, welchen ich nehmen sollte, denn ich muß zu meiner Schande gestehen, daß sie mir alle beide gefielen.

Eines Abends, als ich mit einem von ihnen in meinem Salon war, klingelte der andere an der Tür. Um einen Streit zu vermeiden, versteckte ich den, mit dem ich zusammen war, im Schrank. Hier mußte er mehr als vier Stunden zubringen, da ich die Tür zugeschlossen hatte. Der andere hatte Verdacht geschöpft.

«Hier stimmt irgend etwas nicht», sagte er.

Ich konnte noch so sehr widersprechen, er glaubte mir einfach nicht, sondern begann meine Wohnung zu durchsuchen. Das verschaffte mir die Gelegenheit, schnell den Schrank zu öffnen und zu meinem Gefangenen zu sagen: «Rasch, spring aus dem Fenster.» Er gehorchte. Er mußte aus dem ersten Stock springen.

Als ich Yves diese Geschichte erzählte, sagte er ganz schlicht: «Ich, an seiner Stelle, hätte dich erwürgt.»

Ich lachte darüber. Aber ich hätte wissen müssen, daß man in dieser Weise mit jungen Männern wie Yves nicht spielt... wenigstens nicht ohne großes Risiko.

Das hätte ich beinahe am eigenen Leibe erfahren.

Yves konnte Henri Conté nicht leiden. Die beiden verabscheuten sich sogar gegenseitig, und ich hatte Yves schließlich versprochen, Henri nicht mehr wiederzusehen. Aber eines Vormittags, während ich dachte, Yves übe im Salon, klingelte das Telefon... Ich versteckte mich in einer Ecke der Diele, die Hand vor dem Mund, um den Ton zu dämpfen, und erwiderte: «Abgemacht, Henri, ich erwarte dich um drei Uhr.»

In diesem Augenblick kam Yves und fragte mich: «Was Schlimmes?»

Ich schüttelte den Kopf. Er schien sehr ruhig und sprach mit mir über sein Programm. Ich hörte ihm zu und überlegte dabei, unter welchem Vorwand ich ihn wegschicken könne, bevor die Zeit für mein heimliches Rendezvous mit Henri gekommen sei. Yves selbst erlöste mich plötzlich von allen Schwierigkeiten.

«Wenn es dir nichts ausmacht», sagte er, «werde ich eine Stunde fortgehen.»

Und weg war er. Wenigstens glaubte ich es. Ich hörte, wie sich seine Schritte in der Diele entfernten, wie die Tür aufging und sich wieder schloß. Erleichtert lauerte ich auf Henris Klingelzeichen.

Als er kam, setzten wir uns in den kleinen Salon. Wir plauderten, scherzten und sprachen über Yves.

«Er hat überhaupt kein Talent», meinte Henri. «Er wird niemals etwas Rechtes leisten, dieser kleine Pfadfinder.»

Und um mich zu amüsieren, stimmte ich ihm zu und erfand immer neue Infamien.

«Du hast recht, Henri. Der Mensch ist eine ‹Panne›. Ich glaube wirklich, daß ich mich in ihm geirrt habe.»

Henri verabschiedete sich ganz entzückt von mir, nahm mir jedoch vorher seinerseits das Versprechen ab, Yves nie mehr wiederzusehen.

«Du vertust deine Zeit. Dein Yves wird nie einen Saal vollkriegen . . .»

Ich ging auf meinen Salon zu, und dort wäre ich fast vor Scham versunken. Aufrecht, unbeweglich und leichenblaß stand Yves Montand dort und erwartete mich. Seine Hand blutete; er hatte sein Glas so sehr gepreßt, daß es zerbrochen war. Und er empfing mich mit einer Grabesstimme: «Mach so was ja nicht noch einmal. Das nächste Mal werde ich mich nicht beherrschen können. Du bist noch einmal davongekommen. Ich hatte Lust, dich umzubringen.»

Das sah man ihm an.

Von da an hörte ich auf, mit ihm zu spielen. Damit er mir verzieh, schwor ich ihm, daß er ein Star werden würde.

Ich brauchte mir dabei keine große Mühe zu geben. Er wollte es noch mehr als ich. Und er hatte das Zeug dazu. Er schreckte vor nichts zurück.

Um vier Uhr morgens rief er mich an, um mir zu verkünden: «Weißt du, Edith, mir ist eine großartige Bewegung eingefallen.» Einige Minuten später war er bei mir, um sie mir vorzumachen.

Von Anfang an hatte ich ihn immer ermahnt: «Du hast eine schlechte Diktion.»

Seit der Zeit sagte er stundenlang Verse auf und sang mit einem Bleistift im Mund. Lächeln Sie nicht darüber. Versuchen Sie es lieber und Sie werden sehen.

Er blieb Stunden bei mir, um seinen Part zu üben und vorzuspielen. Ich verbesserte seine Bewegungen. Ich verbesserte seine Stimme. Ich brachte ihm bei, wie man sich verbeugt, wie man grüßt. Aber er war nie ganz mit sich zufrieden. Er war einer von den sehr seltenen Menschen meiner Bekanntschaft, die zehn Stunden hintereinander arbeiten konnten. Er hatte eine ungewöhnliche Fähigkeit zu arbeiten, die er sich bis heute bewahrt hat.

Vor allem aber ging von ihm etwas so Starkes und Reines aus, daß man gezwungen war, ihn zu achten. Selbst ich habe es nie gewagt, längere Zeit mit ihm meinen Spaß zu treiben.

Endlich gab er sein Debüt als amerikanischer Star in meinem Programm. Er war genau vor mir an der Reihe. Er sang *‹Battling Joe›*, *‹La grande Lili›* und zwei Chansons, die ich eigens für ihn geschrieben hatte: *‹Elle a des yeux›*, und *‹Mais qu'est-ce que j'ai à tant l'aimer?›*

Es entstand buchstäblich ein «Malheur». Man klatschte so wild, daß er von der Bühne gar nicht mehr herunterkam... Und selbst ich, die ich direkt nach ihm an der Reihe war, hatte verflixt zu tun, meine eigene Stellung zu behaupten.

Aber ich war glücklich.

«Nun bist du soweit», sagte ich zu ihm, «von jetzt ab kannst du auf den Plakaten fett gedruckt werden.»

Sein ganz großes Debüt als Star bereiteten wir im ‹Théâtre de l'Étoile› vor. Yves arbeitete wie ein Pferd, um vollkommen zu sein. Acht Tage lang vor seiner Premiere rief ich alle, die in Paris Rang und Namen hatten, an und lud sie ein. Ich schloß mich in mein Zimmer ein und führte mehr als 400 Telefongespräche. Ich sagte einfach: «Ich lasse einen Jungen bei mir debütieren. Bitte, kommen Sie und hören Sie ihn sich an.»

Unsere Nerven waren zum Zerreißen angespannt. Yves und ich wußten, daß sich hierbei sein Schicksal auf Gedeih und Verderb entscheiden würde.

Einige Stunden vor seinem Auftritt nahm ich ihn bei der Hand: «Komm, Yves, wir wollen für dich beten.»

Wir gingen alle beide in eine Kirche, um uns zu sammeln. Wenn er später eine Premiere hatte und nicht bei mir war, schickte er mir stets ein Telegramm mit dem gleichen Wortlaut: «Premiere heute abend. Gehe für mich zur Kirche.»

Aber nur ein einziges Mal noch habe ich so wie an jenem Abend gebetet, damit ein «Kamerad» es schafft. Und zwar für den Triumph dessen, den ich liebte, für den Weltmeisterschaftssieg von Marcel Cerdan.

Endlich trat Yves auf die Bühne. Es war im Oktober 1945. Ganz Paris war meinem Ruf gefolgt und wartete im Saal des ‹Théâtre de l'Étoile›. Ich saß mit der Familie Montand zusammen in einer Loge.

Als er in dem Lichtkegel des Scheinwerfers erschien, hörte man im Zuschauerraum keinen Laut. Paris empfing seinen neuen Star in eisigem Schweigen.

Yves begann zu singen. Die Kehle wie zugeschnürt, mit klopfendem Herzen, hörte ich ihm zu und flehte den Himmel an, ihm zu helfen, denn er hatte es verdient.

Als er sein letztes Chanson gesungen hatte, blieb er aufgepflanzt vor der Menge, die immer noch schwieg, stehen. So erwartete er das Urteil. Ich zerriß in der Loge mein Taschentuch mit den Zähnen.

Da brachen plötzlich der Applaus, die Bravos und die Zurufe los! War das ein Triumph! Ein Triumph, von dem man Monate lang sprach. Ein Triumph, den niemand vergessen wird, der dabei gewesen ist.

An diesem Abend sagte ich mir, daß Yves Montand mir vielleicht verziehen hatte.

Mut haben

In meinem Leben gibt es nicht wenig Unglücksjahre zu verzeichnen.

1949 ... starb Marcel Cerdan.

1958 ... 1960 ... Autounfälle, Operationen und die Krankheit, die sich für immer in mir festsetzte. Und dann die vielen Enttäuschungen, die vielen Trennungen.

Wenn man vom Unglück oder Tod betroffen wird, machen sich die Freunde aus dem Staub, nur die echten Freunde bleiben. Vor kurzem mußte ich unter den Menschen, die schon lange um mich herum waren, eine Auslese treffen.

Eine strenge Auslese. Um nicht zu sehr unter ihrer Undankbarkeit zu leiden, riß ich sie aus meinem Gedächtnis, aus meinem Leben. Dennoch brauche ich Freunde um mich herum, sonst wird mir schwindlig, und ich verliere mein Selbstvertrauen.

Außerdem kann ich dann nicht mehr singen. Aber um zu leben, muß ich singen. Ja, in zweifacher Hinsicht: um meinen Lebensunterhalt zu verdienen und um mir die Lebenskraft zu erhalten, die ich ohne meinen Gesang verlieren würde. Wenn auch die Ärzte mich oft angefleht haben: «Singen Sie nicht mehr, Edith. Sie richten sich zugrunde!»

Wie oft habe ich nicht diesen Satz gehört.

Jedesmal, wenn ich wankte und mich am Klavier oder am Mikrophon festhalten mußte.

Jedesmal, wenn ich in diesen letzten Jahren hingefallen bin.

Jedesmal, wenn ich mit einem Ambulanzwagen eiligst in das amerikanische Krankenhaus nach Neuilly gebracht wurde.

Sogar heute noch höre ich diesen Satz immer wieder ... Aber der Gedanke, nicht mehr zu singen, nein ... ich kann nicht aufhören.

Dennoch glaubte ich eines Tages, daß ich aufhören müßte. Ich hatte die Nase voll! Und ich hatte Angst! So sehr Angst, am Ende zu sein und meine Stimme nicht mehr wiederzufinden! Tagelang lag ich schlapp auf meinem Bett und wartete, daß meine Kräfte zurückkommen würden, meine Kräfte, die ich zum Singen nötig hatte.

Ich war so schwach, daß ich nicht einmal mehr den Telefonhörer halten konnte. Sobald ich mich aufsetzte, drehten sich das Zimmer, die Möbel und all die anderen Dinge wie in einem Karussell. Ich war einfach ausgepumpt. Meine Stimme brach sofort, wenn ich nur ein paar Takte versuchte.

Selbst mein Lächeln, mein berühmtes, herausforderndes Lächeln, war nur noch ein erbärmliches Grinsen.

In dieser Situation rettete mich die Freundschaft. Die Freundschaft einer Unbekannten.

Ich war mutterseelenallein zu Hause und fühlte mich von allen vergessen. Es ist mir nicht mehr möglich, mich daran zu erinnern, wie ich den Mut hatte, aufzustehen, durch den Salon und die Diele zu gehen und mich an die Tür, die auf das Treppenhaus ging, zu lehnen, als es klingelte.

Ich öffnete selbst.

Ein junges Mädchen hielt mir einen Veilchenstrauß hin und murmelte, da sie mich in ihrer Aufregung gar nicht erkannte: «Für Madame Edith Piaf!»

Und schon war die Kleine wieder weg.

Ich atmete den frischen Duft der zarten Blumen tief ein. Ein Zittern überkam mich. Die Tränen machten mich fast blind, ich erstickte beinahe an meinem Schluchzen.

Plötzlich bekam ich Lust zu singen, ja es war mir geradezu ein Bedürfnis, für all meine unbekannten Freunde weiterzusingen, für mein Publikum, für all diese Menschen, die mir zujubelten, noch bevor ich den Mund überhaupt geöffnet hatte. Diese Unbekannten sind vielleicht meine besten Freunde, diejenigen, die am meisten trauern werden, wenn man mich zu Grabe trägt, falls ich sie bis dahin nicht enttäuscht habe!

Aber ich will sie nicht enttäuschen. Ich habe es nie gewollt.

Oft habe ich meine ganze Gesundheit aufs Spiel gesetzt und meine tiefste Verzweiflung überwunden, um sie nicht zu enttäuschen.

Und wie habe ich mich an den Abenden verachtet, an denen ich, weil ich mich mit zu vielen Drogen betäubt oder zuviel getrunken hatte, ihnen ihre Droge, meine Chansons, durch mein Verschulden nicht geben konnte.

Es war immer stärker in mir, stärker als alle Vernunft und Vorsicht: ich mußte einfach singen.

Manchmal schaue ich mir alte Zeitungen an. Ich sehe, wie mich mein Impresario fortschleppt oder wie mich meine Sekretärin stützt, ich liege zusammengebrochen auf einem Bett, völlig verstört, die Haare zerzaust, geschlagen...

Unter diesen Bildern folgende Schlagzeilen: Festival abgebrochen... Edith Piaf wird auf der Bühne schlecht... Edith Piaf erschöpft... Rückfall... Edith Piafs Leben in Gefahr... Sie ist verloren... Man bringt sie im Krankenwagen fort... Erneute Bluttransfusion... Edith Piaf singt sich dennoch zu Tode...»

Und ich erinnere mich an alle Schlachten, die ich bereits gegen Krankheit und Tod geliefert habe.

Harte Kämpfe, die man ganz allein kämpft, trotz aller Freunde um mich herum.

Aber meine Zähigkeit wurde belohnt.

Es verstrichen gar nicht so viele Tage, bis ich andere Bildunterschriften las: «Edith Piaf singt dennoch... Edith Piaf auf der Bühne; ein Wunder? Ja! Aber auch welch großartiges Beispiel der Liebe, der Lebenslust, des Mutes... Sie singt bis zuletzt... Dieses kleine Häufchen Frau, der personifizierte Mut.»

Mut! Es ist wahr, ich wollte ihn immer haben. Man behauptet, er sei eine männliche Eigenschaft. Ich glaube eher, daß die Frauen besser durchhalten, wenn etwas schiefgeht. Das ist Gewohnheitssache, vor allem für mich. Ich bin vom Leben nicht gerade sanft in die Lehre genommen worden.

Aber jetzt verläßt mich doch ein wenig mein Mut, denn anstatt von der Vergangenheit zu sprechen ... muß ich die Gegenwart beschwören.

Das letzte Kapitel meines Lebens.

Es klingt fast nach Totengeläute! Vielleicht bin ich gerade wieder einmal krank, und bei jedem Rückfall hänge ich ein bißchen weniger am Leben, als ob ich an einem Seil hinge, unter mir der Abgrund, einem Seil, das sich unaufhaltsam loslöst.

Nein, ich bin keineswegs pessimistisch. Ich bin so glücklich mit Théo ... und es ist mein sehnlichster Wunsch, daß ich es noch lange, noch sehr lange sein werde.

Daß all mein Glück andauert: Théo, meine Chansons, der Erfolg, die Genesung.

Aber ich kann noch so sehr an Wunder glauben, noch so sehr all jene Männer abrechnen, von denen ich nahezu ein halbes Jahrhundert lang profitiert habe ... Dreizehn oder vierzehn sind bereits zusammengekommen.

Und ich bin gezwungen, mich im Spiegel anzuschauen.

Dieser kleine Hampelmann mit dem vorsichtigen Gang, den ungelenken Bewegungen, dem vorzeitig gealterten Gesicht ... Unauslöschlich trage ich die Spuren dessen, der stets zur festgesetzten Stunde kommt.

Ja, es kostet mich viel Mut, über Théo Sarapo zu reden.

Über denjenigen, der mein Sohn, den ich nie gehabt habe, sein könnte, der jedoch der Mann ist, den ich liebe.

Noch einer mehr? Nein, der letzte, wenn er mich nicht verläßt.

Eigentlich habe ich mich nur einem Mann nach dem anderen hingegeben, weil ich immer auf denselben gewartet habe: auf einen Mann, der wirklich nett zu mir ist ... sanft, zärtlich und treu. Trotz meines zynischen Betragens, trotz eines Lebens, das man Kindern nicht erzählen kann, habe ich mir im Grunde das Herz eines kleinen Mädchens bewahrt. Aber an dem Tag, als ich diesem Mann begegnete und er mich bat, seine Frau zu werden, brauchte ich für mein Jawort sehr viel mehr Mut als für alles Übrige: für meine Armut, die Krankheit und vor allem die unermüdliche, unnütze Gemeinheit der Neider.

Ich wußte nur zu gut, was uns erwartete: ein Skandal.

Denn Théo war 27, und ich 47 Jahre alt.

Und das eben war das Skandalöse, was all den Klatsch, die Anzüglichkeiten, ja sogar die Beleidigungen bewirken würde.

Aber Klatsch, Anzüglichkeiten und Beleidigungen hatte ich mein ganzes Leben lang ertragen. Dagegen war ich gefeit.

Sogar das Mitleid, das man mir entgegenbringen würde, war mir gleichgültig.

An dem Punkt, an dem ich angelangt war, jetzt, da mein Leben nur noch an einem Faden hing, war mir bewußt, daß alles, was nicht wesentlich ist, mich nicht mehr erreichte.

Das Wesentliche aber ist, zu lieben, geliebt zu werden, glücklich und im Einklang mit sich selbst zu sein.

Heute weiß ich, daß ich recht hatte, Théo zu heiraten: ich bin glücklich.

Aber zu glauben, daß ich dies so gewollt hätte, daß ich zu dieser Ehe bedenkenlos, ohne Skrupel, ohne Gewissensbisse und Besorgnis «Ja» sagte? hieße mich für dümmer und verrückter halten, als ich es bin.

Der Wirbel, der mir durch diese ungleiche Vereinigung entstehen würde, hätte mich für immer zerbrechen können, mich und meine Karriere.

Aber ich habe dieses Risiko weder aus körperlicher Leidenschaft auf mich genommen, noch weil ich durch Krankheit oder Einsamkeit geschwächt war.

Und auch nicht, wie einige böse Zungen behauptet haben, weil der Verkauf meiner Platten nachließ, und ich mich auf irgendeine Weise wieder hochbringen mußte.

Es ist alles viel einfacher.

Und viel «sensationeller».

Théo liebte mich.

Und ich, ich liebte ihn, und ich liebe ihn noch ...

Ein Traum wie geschaffen für mich

Als ich ihn das erste Mal sah, hat er mir keinen besonderen Eindruck gemacht. Er begleitete einen Freund von mir, der mich besuchen kam.

Er setzte sich auf den Teppich im Salon und sagte den ganzen Abend kein Wort. Als er fortging, dachte ich: ‹Nicht gerade unterhaltend, der Kleine.›

Im Februar 1962 sah ich ihn wieder. Ich hatte eine doppelseitige Bronchopneumonie. Ich war eiligst in die Klinik eingeliefert worden.

Théo besuchte mich jeden Tag. Er las mir Romane vor, kaufte mir kleine Puppen und brachte mir Blumen.

In dieser Zeit entstand unsere Liebe. Wir fühlten uns wohl zusammen.

Sonst nichts. Es war unerwartet und daher großartig.

Aber wie hätte ich je daran denken sollen, ihn zu heiraten? Ich sagte mir: ‹Es ist so unwahrscheinlich›, und hütete mich wohl, Zukunftspläne zu machen.

Ich fühlte mich wie jemand, der im Zug sitzt, und plötzlich die Landschaft seiner Träume entdeckt, den idealen Platz, an dem er leben und sein Haus bauen möchte... Aber er weiß, daß der Zug nicht anhält, daß die Landschaft verschwinden wird.

Ich dachte: ‹Théo wird einer anderen Frau, einer Frau seines Alters begegnen. Mit ihr wird er sein Leben leben. Das ist normal. Dennoch habe ich seine Liebe gehabt.›

Ich verließ die Klinik. Théo zog zu mir.

Eines Tages – wir befanden uns in dem großen, stets leeren Salon meiner Wohnung am boulevard Lannes – schien mir Théo ungewöhnlich ernst.

Ich fragte ihn: «Was hast du denn?»

Er antwortete mir: «Wenn ich dich bäte, mich zu heiraten, würdest du annehmen?»

Ich war so bestürzt, daß ich nervös auflachte. Aber als ich sah, daß Théo bleich wurde, fing ich mich wieder. Ich strich ihm über das Haar und erklärte ihm so sanft wie möglich: «Du bist doch noch ein kleiner Junge und hast das ganze Leben vor dir. Eines Tages wirst du einer jüngeren Frau begegnen. Du bist verrückt.»

Das schien ihn jedoch keineswegs zu trösten, im Gegenteil. Daher fügte ich hinzu: «Hör zu, eine Frau meines Alters heiratet nicht so einfach. Sie hat weder das Recht noch die Zeit, sich zu täuschen. Vor allem nicht nach so einem Leben wie dem meinigen. Ich bitte dich, mir Zeit zum Nachdenken zu geben.»

Er war einverstanden.

«Gut, ich warte die nötige Zeit ab.»

Ich habe ihn einen Monat lang warten lassen.

Während dieses ganzen Monats verging kein Tag, an dem ich nicht ununterbrochen an seinen Heiratsantrag dachte.

Natürlich liebte ich Théo. Ich empfand für ihn eine unendliche Zärtlichkeit, und er war so lieb mit mir. Aber ich muß auch zugeben, daß ich stolz war, einen Jungen seines Alters erobert zu haben.

Aber ihn heiraten!

Ich, die noch vor einiger Zeit, bevor ich Théo kannte, mit meiner Freundin Françoise in Streit geraten war, weil sie sich in einen viel jüngeren Mann verliebt hatte! Ich hatte sie für verrückt und gewissenlos gehalten und ihr bösartig an den Kopf geworfen: «Schämst du dich gar nicht, am Arm eines so jungen Mannes, der dein Sohn sein könnte auf die Straße zu gehen? Genierst du dich denn nicht vor den Leuten?»

Und nun war *ich* an der Reihe...

Mein Stolz lehnte sich dagegen auf. Nachts lag ich stundenlang da mit weit offenen Augen und fragte mich: ‹Soll ich ihn heiraten? Er ist so gut, so aufmerksam. Nie wieder werde ich einen solchen Mann finden.› Aber fünf Minuten später dachte ich:

‹Überlege mal, Edith, in zehn Jahren wirst du 57, du wirst eine alte Frau sein, während er dann erst 37 ist, ein Mann in den besten Jahren. Was wirst du ihm in jener Zeit bedeuten? Vielleicht eine schreckliche Last ...›

Und es gab noch einen anderen Grund, der die Waagschale, auf der das «Nein» lag, schwerer machte.

Die Ehe machte mir Angst. Ich hatte das Gefühl, nicht für sie geschaffen zu sein, ein Gefühl, daß mir die nötigen Fähigkeiten fehlten, um eine gute Ehefrau abzugeben. Ich habe es nie verstanden, mich um den Haushalt oder das Kochen zu kümmern. Möbel, Teppiche, Nippsachen ... das alles interessierte mich in Wahrheit nicht.

Schon meine erste Ehe, die immerhin normaler war, zerbrach trotz unserer gegenseitigen Liebe. Und auch Jacques war sehr lieb, sehr verständnisvoll und sehr geduldig gewesen.

Aber unser Beruf siegte über unsere Liebe.

Und auch Théo singt, wird in Filmen mitspielen und seine Karriere für sich haben ...

Am Tag meiner ersten Scheidung habe ich mir geschworen, nie wieder so ein Experiment zu machen.

Wozu heiraten, wenn man nach einigen Jahren einsamer als vorher ist?

Und es gab noch Schwerwiegenderes. War ich denn überhaupt fähig, einen Mann glücklich zu machen? War ich noch in der Lage, einem Mann etwas zu bedeuten?

Ich hatte mich unmöglich benommen, war launisch und eifersüchtig gewesen. Und wenn ich eifersüchtig bin, bekomme ich schreckliche Wutanfälle. Den Willen eines Mannes vertrage ich sehr schwer; ich versuche eher, ihm meinen eigenen aufzuzwingen. Ich bin von Natur aus störrisch, und wenn man mich zum äußersten treibt, widerspreche ich immer.

Als ich das «Für» und «Wider» in aller Ehrlichkeit abwog, entdeckte ich entschieden mehr Gründe gegen diese Heirat.

Trotzdem sagte ich «Ja» zu Théo.

Ein Traum bestimmte mich zu diesem Entschluß.

Die Skeptiker sind immer überrascht, wenn man sein Leben auf einen Traum setzt. Aber unser ganzes Leben besteht aus Zufällen, guten und bösen, gegen die der menschliche Wille nahezu machtlos ist.

Bis dahin hatten mich meine Träume immer gut beraten und rechtzeitig gewarnt. Warum also sollte ich nicht auch auf diesen Traum hören? War mein Leben nicht an einen Punkt gelangt, an dem ich nur wenig zu verlieren, aber alles zu gewinnen hatte?

Unter anderem die wunderbare Gegenwart eines jungen, schönen und starken Mannes, der ungewöhnlich lieb zu mir war.

Er würde mir sanft die Augen schließen, und daran muß ich in meinem jetzigen Gesundheitszustand wohl denken.

Den Traum, in dem das Telefon klingelt, und niemand am anderen Ende spricht, wenn ich aufhebe, habe ich bereits erzählt. Ein Traum, der mir jedesmal getreulich ankündigt, daß die Liebe zwischen mir und einem Mann bald sterben wird.

Während all jener Nächte, die dem Heiratsantrag von Théo folgten, lauerte ich auf diesen häßlichen Traum.

Ob er wohl diese Nacht kommt oder morgen oder übermorgen?

Fast ein Monat war schon verstrichen, es war wohl der letzte Junitag, da klingelte das Telefon in meinem Schlaf, ich nahm den Hörer ab ... und zum erstenmal in meinem Leben antwortete eine Stimme auf mein angstvolles «Hallo».

Und diese Stimme war Théos Stimme. Aber ich war noch nicht überzeugt. Ich sagte mir: ‹Wer bist du eigentlich, daß du immer noch meinst, ein Recht auf das Glück zu haben?›

Eine Frau, die Liebhaber und unglückliche Lieben gesammelt hat.

‹Deine Gesundheit hast du ruiniert, indem du ganze Nächte in den Kneipen herumlungertest und die Diät nicht einhieltest, die dir die Ärzte verschrieben hatten.

Du bist müde, verbrauchter als jede beliebige Frau in deinem Alter.

Und das Ergebnis: der geringste Luftzug fesselt dich für eine Woche ans Bett. Der kleinste Spaziergang erschöpft dich, der geringste Verstoß gegen die ärztlichen Vorschriften macht dich für Tage krank. Jedesmal hast du mehr Mühe, dich wieder zu erholen.›

‹Du hast zu viele Dummheiten in deinem Leben gemacht›, sagte ich mir. ‹Du hast ein Vermögen verdient und hast es sinnlos verpraßt. Du hast keine angemessene Wohnung, keine Möbel, und das Klavier in deinem Salon gehört nicht einmal dir.›

Mit 47 Jahren befand ich mich an der gleichen Stelle wie an dem Tag, als ich meinen Vater verließ und mit 16 Jahren auf die Straße ging, um zu singen. Das heißt: allein. Nur mit weniger Illusionen, weniger Hoffnungen, weniger Kraft.

‹Wie, glaubst du, soll dieses Abenteuer enden, wenn nicht mit einer Katastrophe?›

Da wäre der Tod weniger schlimm.

‹Aber, wenn du plötzlich entdeckst, daß du eine kleine Alte geworden bist, frigide, ohne Begabung, ruiniert... auf andere angewiesen, du, die bisher eher für andere gesorgt hat?›

Meine Bilanz endete mit einem völligen Bankrott.

Und da suchten mich wieder heftige Zweifel heim.

Hatte ich das Recht, diesen jungen Mann, der gerade erst sein Leben begann, teilnehmen zu lassen an dem, was mir vom Leben noch übriggeblieben war: Ruinen, Verluste?

Als Gegengewicht: der Traum.

Im Morgengrauen hatte ich noch immer das Läuten des Telefons im Ohr.

Schließlich entschwanden all meine Skrupel. Würde ich diesen Mann nicht *mehr* lieben, als irgendeine andere ihn lieben könnte?

Als Théo, den ich allmählich mit der Ungeduld eines jungen Mädchens erwartete, an diesem Morgen seinen Antrag wiederholte, zögerte ich nicht länger. Ich sagte «Ja».

Und ich bedauere nichts, denn ich liebe ihn.

Wenn man auch darüber schockiert sein mag, so kann es doch

niemanden überraschen. Welche Frau in meinem Alter ließe sich nicht von der Liebe eines solchen Mannes verblenden?

Wenn ich diese Liebe analysiere, entdecke ich übrigens nicht nur die Liebe einer Liebenden, sondern auch ein Gefühl, das mir bis dahin verwehrt war: die mütterliche Liebe.

Théos Lachen, sein Ungestüm, seine Jugend lassen mich manchmal glauben, daß ich einen Sohn habe.

Auch in der sinnlichsten Mätresse steckt eine schlummernde Mutter.

Nur diejenigen, die überall Böses sehen, werden daran Anstoß nehmen.

Aber ich weiß ganz sicher, daß ich über meine Liebe zu Théo nicht zu erröten brauche.

Wenn es anders gewesen wäre, hätte ich wohl nicht gewagt, mit Théo eines Tages nach Lisieux zu fahren, um von der heiligen Therese, die mir als Kind das Augenlicht wiedergegeben hatte, eine Gnade zu erflehen.

Nein, denn dann hätte ich damit ein Sakrileg begangen.

Aber so haben wir uns vor sie hingekniet, Seite an Seite, Théo und ich, und ich habe gebetet: «Gewähre mir noch einige Jahre dieses Glückes, das ich gerade gefunden und auf das ich mein ganzes Leben gewartet habe.»

Ich weiß nicht, ob mir diese Jahre gewährt werden. Was ich aber weiß, ist: Wie wenige Jahre es auch sein mögen, und selbst, wenn es nur ein einziges oder nur einige Monate des Glückes wären, ich würde dennoch der Vorsehung dankbar sein. Dieses Glück hatte ich nicht mehr verdient. Ich hatte nicht mehr daran geglaubt.

Das Ende kenne ich nicht

In der Zeit zwischen meinem Jawort und dem Tag, an dem der Pope die Brautkränze auf unsere beiden Häupter setzte, habe ich die grauenvollsten Ängste ausgestanden.

So wurde ich zum Beispiel buchstäblich von einer Panik ergriffen, als Théo mir eines Tages sagte: «Ich muß meinen Vater fragen, ob er damit einverstanden ist, daß ich dich heirate.»

Es mag einigen Menschen komisch vorkommen, aber für mich hatte die Zustimmung seiner Eltern eine große Bedeutung.

Ich wollte von seiner Familie anerkannt und mit Freude von ihr aufgenommen werden.

Nun aber hatte Théo mir gestanden, daß sein Vater von der Ehe sehr strenge Vorstellungen hatte.

‹Es wird schrecklich werden›, dachte ich, ‹wenn Théo ihnen verkündet, daß er eine Frau heiraten möchte, die seine Mutter sein könnte!›

Théo hatte mir natürlich versichert: «Ich werde dich trotzdem heiraten, Edith, auch wenn mein Vater es verbietet.»

Aber das hätte meine Freude beeinträchtigt. Mein ganzes Leben hätte ich dann den Eindruck gehabt, den Eltern ihren Sohn geraubt zu haben.

Ich wußte zu gut, was es heißt, ohne Mutter und Vater leben zu müssen!

So war ich nicht gerade in Hochstimmung, als Théo mich am 26. Juli 1962 mit zu seinem Vater nahm.

Er war übrigens auch in keiner besseren Verfassung.

Ich sagte mir: ‹Wenn sein Vater nein sagen sollte, bedeutet das für mich einen Wink des Schicksals. Dann verdiene ich dieses Glück eben nicht.›

Wir fuhren mit dem Auto nach La Frette, wo seine Eltern wohnten.

Während der Fahrt sprachen wir kein Wort. Théo hielt meine Hand in der seinen und lächelte mir zu. Aber er schien besorgt.

Endlich langten wir an. Seine Mutter, sein Vater und seine beiden jüngeren Schwestern Christie und Cathy waren im Wohnzimmer versammelt. Alle lächelten mich an. Dennoch waren wir alle schrecklich gehemmt.

Dann aber brach Cathy das Eis.

Sie erhob sich plötzlich und legte eine Twistplatte auf. Christie fragte mich, ob ich twisten könne. Ich verneinte.

Da forderten mich die beiden auf: «Kommen Sie, wir werden es Ihnen beibringen.»

Und plötzlich fand ich mich mitten im Wohnzimmer wieder, wo ich mich mit den beiden kleinen Mädchen wie ein Backfisch drehte und wand.

Ich sah Théo mit seinen Eltern in den Garten hinausgehen.

Ich dachte: ‹Nun ist es soweit, der Augenblick ist gekommen.›

Ich war wie versteinert, ich wollte fliehen, und die Platte hörte nicht auf zu plärren: «*Yeah! Yeah! Yeah!*» Durch das Fenster sah ich Théo mit seinen Eltern diskutieren; ich hatte den Eindruck, daß die Zeit stillstände.

Und dann machten sie alle so ernste Gesichter. Ich dachte, Monsieur Lamboukas wäre nicht einverstanden. Das wäre auch ganz normal gewesen.

Endlich kamen sie alle drei mit gesenkten Köpfen und mit langsamen Schritten wieder zurück. Ich war sicher, daß es nicht geklappt hatte. Mir traten die Tränen in die Augen.

Im Wohnzimmer angekommen, betrachtete Monsieur Lamboukas mich schweigend eine lange Zeit. Dann sagte er zu mir: «Théo hat mich um die Erlaubnis gebeten, Sie heiraten zu dürfen. Er ist ein guter Sohn. Aber er ist frei und alt genug, um zu wissen, was er will. Mich geht das nichts an. Dennoch sollen Sie wissen, daß ich sehr erfreut bin, Sie in meiner Familie willkommen zu heißen.»

Mit ganzer Kraft hielt ich die Tränen zurück. Aber als Théos

Mutter, die acht Monate jünger als ich war, mir sagte: «Edith, sagen Sie *maman* zu mir», brach ich in Tränen aus.

Nachdem wir uns von unserer Rührung erholt hatten, setzten wir uns alle fröhlich zu Tisch.

Ob diese Menschen, für die eine Familie ein alltägliches Erlebnis ist, wohl begriffen haben, wie groß meine Freude war?

Zum erstenmal in meinem Leben saß ich zwischen einem Vater, einer Mutter, zwischen Schwestern ... und meinem zukünftigen Mann. Und ich vergaß, wie alt ich war. Ich wurde wieder zu dem Kind, das Tag für Tag von einem einfachen Glück geträumt hatte.

Die Zärtlichkeit der Eltern zu ihrem Sohn bestürzte mich geradezu. Bis zu jenem Tag hatte ich gezweifelt, ob es so etwas wie Vater- und Mutterliebe überhaupt gäbe.

Aber ich konnte mich wahrhaftig davon überzeugen, als Monsieur Lamboukas mich beiseite nahm und mit tiefer Besorgnis über Théo und seine Laufbahn sprach. Dieser Mann hatte sein ganzes Leben für seine Frau und seine Kinder gearbeitet. Er hatte gehofft, daß Théo seinen Frisiersalon später übernehmen würde. Aber Théo hatte das Risiko eines ungewissen Berufes, in dem die Konkurrenz allzu groß war, den Beruf eines Sängers, auf sich genommen!

«Ich habe ihm jedoch niemals etwas in den Weg gelegt, sein Glück zu versuchen. Sie allein werden ihm sagen können, ob er Talent hat oder nicht», sagte er zu mir.

Und erst die Zärtlichkeit seiner Mutter! Mir schnürte es fast die Kehle zu vor Rührung, wenn ich diese Zärtlichkeit sah, ich, der Spatz, der mit zwei Monaten verlassen worden war. Und zu mir sagte diese Frau: «Unser Haus ist von heute an auch das Ihre.»

Beim Abschied gab mir *maman* einen großen Korb mit Aprikosen und Pfirsichen aus ihrem Garten ... Der schönste Schmuck der Welt hätte mir nicht mehr Freude bereiten können als diese einfachen Früchte!

Von diesem Tage an verbrachte ich mit Théo alle Sonntage

in La Frette. Nach dem Essen machten Mama Lamboukas und ich es uns auf dem Sofa bequem. Während sie strickte, widmete ich mich einer Stickerei oder einer sonstigen Handarbeit.

Unaufhörlich sprach sie von ihrem Théo. Sie erzählte von den dummen Streichen, die er als Kind angestellt, von den 29 Monaten, die er in Algerien verbracht hatte, von wo er um zwölf Kilo leichter nach Hause zurückgekehrt war.

An unserem Verlobungstag, den wir in La Frette feierten, setzten wir das Datum unserer Hochzeit auf den 9. Oktober fest.

Als meine zukünftige Schwiegermutter zu weinen begann, dachte ich, ihre Tränen hätten einen ganz bestimmten Grund, und ich fragte sie geradeheraus: «Ist es der Altersunterschied zwischen Théo und mir, der dich bekümmert? Bitte, antworte mir ganz offen.»

Sie sah mich zärtlich an und sagte: «Ihr könnt ein sehr glückliches Paar werden. Sicher, mein Théo ist noch immer ein großes Kind, ein wenig wild und exzentrisch. Aber ich weiß, daß er dich von ganzem Herzen liebt. Das Alter ändert daran nichts. Ihr werdet euch ergänzen, Edith.»

Auch seine Schwestern waren reizend zu mir.

Schließlich schienen alle über diese Heirat, die mir Anzüglichkeiten, Beleidigungen und vielleicht sogar die Abneigung meines Publikums, meinen Ruin also, einbringen würde ... glücklich zu sein.

Und dennoch wuchs die Angst in mir, je näher der Tag meiner Heirat auf mich zukam.

Ich war wie besessen von den beiden Zahlen 47 ... 27. Mein Alter und das von Théo.

47 ... 27.

Die Tage vergingen.

Der Tag der standesamtlichen Trauung brach an. Nur noch zwei Stunden und ich würde an Théos Arm vor dem Standesbeamten erscheinen und meine Unterschrift unter die Heiratsurkunde setzen.

Théo hatte mich frisiert, und ich wollte mich gerade schminken. Mein schwarzes Seidenkleid hatte ich bereits angezogen. Ich saß vor meinem Spiegel. Plötzlich brach ich in Tränen aus. Ich war am Ende. Ich warf mich auf mein Bett; Théo war sofort neben mir und stammelte: «Was ist denn los?»

Ich schluchzte: «Nein, ich kann dich nicht heiraten; das wäre ein Wahnsinn. Heute wird es dir weh tun... später wirst du mir dafür dankbar sein.»

Er glaubte, ich sei verrückt geworden. Völlig außer Fassung wiederholte er immer wieder ganz mechanisch: «Warum nur, warum?»

Ich hob mein verwüstetes Gesicht, das Tränen noch mehr entstellten, zu ihm auf und heulte: «Schau mich doch an, ich bin eine Jammergestalt, keine Frau. Ein armes, abgetakeltes Weib, das sich kaum noch auf den Beinen halten kann. ‹So etwas› kannst du nicht heiraten.»

Und ich gestand ihm, wie ich die letzte Woche verbracht hatte.

Eine Woche der schrecklichsten Schmerzen, die ich ihm streng verheimlicht hatte.

Begonnen hatte alles in der Nacht vom 3. auf den 4. Oktober. Ich war schreiend vor Schmerz aufgewacht. Mir war, als zerquetschte man mir mein linkes Handgelenk und meine Füße. Ich hatte einen neuen Anfall von Gelenkrheumatismus.

Trotz meiner Qualen wollte ich Théo nicht wecken. Ich ließ ihn ruhig in seinem Zimmer am anderen Ende der Wohnung weiterschlafen, da ich ihn nicht beunruhigen wollte. Ich stand auf, rief meinen Arzt an und bat ihn, sofort zu mir zu kommen. Ich war am Ende meiner geistigen und körperlichen Widerstandskraft.

Als der Doktor einige Minuten später bei mir läutete, schleppte ich mich zur Tür, um ihm eigenhändig aufzumachen. Halb ohnmächtig sank ich ihm in die Arme, soviel Kraft hatten diese Anstrengungen gekostet.

Nach einer eiligen Untersuchung gab er mir eine hohe Dosis

Cortison, um meine Schmerzen zu lindern, dann ein Schlafmittel.

Er wartete eine Stunde, daß ich einschlief.

Am nächsten Morgen sagte ich Théo kein Wort über die vergangene Nacht. Völlig erschöpft sang ich mit ihm am gleichen Abend im ‹Olympia›.

Gleich nachdem ich wieder zu Hause war, legte ich mich schlafen. Die Schmerzen kamen wieder, sie durchbohrten mich. Chronischer Rheumatismus ist etwas Entsetzliches. Aber ich wollte heiraten. Gott sei Dank war der Anfall zwei Tage später vorüber. Drei Tage vor der Trauung fühlte ich meine Kräfte wiederkehren.

Doch meine Leiden sollten noch nicht zu Ende sein.

An diesem Tage mußte ich mich irgendwie erkältet haben.

Ich zitterte die ganze Nacht. Als ich mich erheben wollte, fiel ich zu Boden.

Jetzt mußte ich einfach Théo zu Hilfe rufen. Er war bestürzt: «Was hast du, Edith, was ist denn passiert?»

Ich versuchte noch immer, ihm etwas vorzumachen. Es sei nichts Besonderes, sagte ich zu ihm, ich hätte einfach ein kleine Grippe und er solle kein Theater machen. Ich bat meinen Arzt inständig, Théo nicht die Wahrheit zu sagen.

Armes Doktorchen. Er wußte nicht recht, was er tun sollte, wagte jedoch nicht, mir zu widersprechen. Dennoch fand er es keineswegs richtig, daß keiner bei mir wachte. Auf jeden Fall verlangte er, ich solle bis zu meiner Heirat im Bett bleiben, sonst garantiere er für nichts.

Doch es war schon von jeher meine Überzeugung, daß Unkraut nicht vergeht.

Noch einmal ließ ich mich am folgenden Abend, anstatt im Bett zu bleiben, zum ‹Olympia› fahren, um dort aufzutreten. Théos Gegenwart elektrisierte mich.

Aber die Rückkehr nach Hause war jämmerlich. Man mußte mich beim Gehen stützen. Ich konnte nicht mehr reden, zitterte vor Kälte, heiße und kalte Schauer überliefen mich.

Als man mich endlich zu Bett gebracht hatte, phantasierte ich, wie ich später erfahren habe.

All diese Erinnerungen überkamen mich zwei Stunden, bevor ich Madame Lamboukas werden sollte.

Ein letztes Mal machte ich mir Vorwürfe: ‹Es ist wahr, wir lieben uns, aber mein Leben hängt nur noch an einem Faden. Ist es nicht ungeheuerlich, diesen jungen Mann, der sein ganzes Leben noch vor sich hat, der gesund ist und kräftig, an mich zu binden?›

Und ich sagte zu ihm: «Ich habe Angst, daß ich dich nicht glücklich mache. Alles spricht gegen uns.»

Er schnitt mir das Wort ab. Er nahm mich bei den Schultern und schüttelte mich. Seine Stimme war hart: «Ich will dich heiraten. Ich will, daß du meinen Namen trägst. Wenn du Angst hast, mich nicht glücklich zu machen, so habe ich Angst, dich zu verlieren. Du sollst nicht mehr an deine Gesundheit denken ... Es sei denn, du entschließt dich endlich, dich wirklich zu pflegen. Und ich werde dich auch pflegen. Es ist die Pflicht eines Ehemanns, da zu sein, wenn seine Frau leidet. Deine Gesundheit ist zerbrechlich. Nun gut, warst du nicht damals auch krank, als ich dir meine Liebe gestand? Außer ein paar Getreuen, die dir noch zur Seite stehen, haben dich alle verlassen. Das fand ich empörend, und da ist mir klargeworden, daß ich dich liebte, daß ich dich glücklich sehen wollte.»

Er war in Fahrt, mein Théo. Ich konnte ihm einfach nicht widersprechen.

«Du willst meine Jugend nicht vergeuden? Spiel dich nicht auf. Ich habe oft genug ganze Nächte verbummelt. Mit 27 Jahren ist es Zeit, ein erfüllteres Leben zu führen, für jemanden zu leben. Und ich will, daß du es bist, für den ich lebe.»

Schon eine junge und völlig gesunde Frau könnte einer solchen Erklärung nicht widerstehen, sonst verstehe ich nichts mehr von den Frauen, nichts mehr vom Leben und vor allem mehr von der Liebe.

Ich weinte nicht mehr. Aber innerlich leistete ich Abbitte.

Und wieder sagte ich mir: ‹Du verdienst das einfach nicht. So viele Freuden hast du mißachtet. So viele Menschenleben und vor allem das deine verpfuscht.›

Aber Théo merkte schon, daß er die Schlacht gewonnen hatte. Er hatte sein Lächeln wiedergefunden, dem ich nicht widerstehen kann. Während er mir die Augen trocknete, brummelte er: «Jetzt muß ich dich noch einmal kämmen. Beeil dich. Sie warten schon auf uns. Heute abend geht es nicht auf Hochzeitsreise mit uns, heute werden wir beide zusammen auftreten. Aber sobald unser Programm im ‹Olympia› abgelaufen ist, fahre ich mit dir nach Griechenland.»

Dann ging alles sehr schnell. Das war auch nötig. All meine heiteren Chansons – und auch die gibt es – stiegen in mir auf. Der Arzt kam und gab mir Vitamine und Stärkungsmittel.

An Théos Arm überkam mich auf der Straße noch ein letzter Schwindelanfall. All die Menschen, die da standen und auf mich warteten...

Nein, sie haben mich nicht ausgepfiffen!

Sie forderten uns auf, wir sollten auf den Balkon des Standesamtes von Auteuil treten, wobei sie ihren Worten die Melodie eines alten Studentenliedes unterlegten.

Als wir die orthodoxe Kirche verließen, in der wir den hochzeitlichen Segen empfangen hatten, schrie die Menge, «meine» Menge:

«Es lebe Edith, es lebe Théo!»

In diesem Augenblick war meine Angst vor der Zukunft verschwunden, was auch immer geschehen mochte.

Zwischen zusammengepreßten Lippen sagte ich leise vor mich hin:

Peut m'arriver n'importe quoi
Ça m'est égal
Peut m'arriver n'importe quoi
J'm'en fous pas mal...

[Komme was will,
Laß allem den Lauf,
Komme was will,
Ich pfeife drauf ...]

Ich war glücklich und bereit.

Bereit für mein weiteres Leben, selbst wenn ich nicht das Ende kenne, so, wie es in einem meiner Chansons heißt:

Je n'en connais pas la fin ...

827/1

rororo neu

B 2/X '75